# 私物化される国家

## 支配と服従の日本政治

中野晃一



角川新書

# まえがき

ポスト冷戦のグローバル資本主義の時代に入って早くも四半世紀、国民国家が空洞化し富や権力の集中が進み、寡頭支配（少数派支配）が世界的に拡散するようになってしまっている。この現象をより平易に言い換えれば、一部の特権的な統治エリートによる「国家の私物化」が横行するようになったといえるだろう。立憲主義を基礎とした法の支配の原則や民主主義をないがしろにし、本来は主権者であるはずの市民を服従させることをもって政治と考えるような支配者がさまざまな国で誕生し、グローバル社会のなかでも主導権を持つようになっているのである。

しかも民主制や権威主義体制という政治体制の違いを超えて、国家を私物化しているケースは程度の差こそあれ、アメリカのトランプ、ロシアのプーチン、中国の習近平《しゅうきんぺい》、北朝鮮の金正恩《キムジョンウン》、フィリピンのドゥテルテ、そして弾劾されるに至った韓国の朴槿恵《パククネ》などとあっという間に列挙することが可能なほどである。

日本においても２０１２年12月に政権復帰した安倍晋三《あべしんぞう》の下、森友《もりとも》・加計《かけ》学園疑惑や昭《あき》恵《え》夫人による著しい公私混同はもちろんのこと、ジャーナリスト伊藤詩織《いとうしおり》さんの訴える準強姦《ごうかん》容疑において、首相に近い山口敬之《やまぐちのりゆき》元ＴＢＳ記者に逮捕状が出ていたにもかかわらず直前に逮捕取りやめになった事件などが明らかになり、安倍とその取り巻きによって「私物化される国家」の姿が浮かび上がってきた。

本書が試みるのは、このように私物化された国家の実態を暴くことではなく、なぜどのようにして国家が私物化されるようになったのか、このことの意味は何か、またいかにしてこれに抗《あらが》うことができるかについて、グローバルなコンテクストのなかで、とりわけ現代日本政治に焦点を置いて筆者なりの論考を提示することである。

本書の執筆に際しては、実にさまざまな方から有益な示唆やご助力をいただいた。その一人ひとりにお礼を申し上げることは不可能だが、とりわけ株式会社ＫＡＤＯＫＡＷＡ文芸・ノンフィクション局第四編集部の吉田光宏《よしだみつひろ》さんに心からの感謝を申し上げたい。一番初めに新書刊行のお誘いを受けたのは２０１４年の７月、安倍政権が集団的自衛権行使容認の解釈改憲を閣議決定した直後であった。しかし、ちょうどその頃から筆者も立憲デモクラシーの会などを通じて市民運動とのかかわりに忙殺されるようになり、企画や締め切りについて再三の仕切り直しを余儀なくされてしまい、多大なご迷惑をお掛けしてしまった。吉田さんの粘り強い励ましと督促がなければ、本書が陽の目を見ることはなかっただろう。

他方で、市民運動の皆さんから全国各地の講演会や集会などにお招きいただき、お話をすることによって本書の分析や議論が形づくられていったのもまた事実である。講演内容の取りまとめにご助力くださった赤瀬《あかせ》智彦《ともひこ》さんにお礼を申し上げるとともに、市民の皆さんにも改めてエールをお送りしたい。

また、本文中や巻末にも記したが、本書はさまざまなかたちで公にした論説などに部分的に依拠している。これまで執筆の場や機会をくださった出版社や編集者の皆さんにも謝意を表する次第である。

特に第6章のトランプ大統領当選とアンチ・リベラリズムに関する論考は、もともとは元 SEALDs の若者たちと立ち上げた「市民のためのシンクタンク」ReDEMOS を通じて発表したものであった。彼ら、彼女たちに多くを教わりつづけることができる幸運に感謝して、本書を ReDEMOS に捧《ささ》げる。

2017年12月6日

中野 晃一

# 目次

## 第6章　アンチ・リベラリズムの時代に

# 序章　安倍政権の復古性と現代性

安倍晋三が2012年12月に政権復帰を遂げてから、もう5年余になる。安倍政権は何をめざして、どこへ行こうとしているのか。本書はこの問いに答えようとするものである。安倍晋三という政治家個人の思想や政策、政治手法を探ることが、本書のひとつの課題となるが、他方で、安倍政権といえども、当然のことながら安倍個人がすべてを決めているわけではないことに留意し、自民党や官僚制、そして財界やマスコミ関係など安倍による長期政権を可能にしてきたコンテクストも分析したいと考えている。

## 保守反動のプリンスが奏でる「エア・ナショナリズム」

とはいえ、まずは安倍晋三とは何者なのか。月並みであるが、安倍晋三の政治思想を理解しようとしたとき、むろん祖父・岸信介《きしのぶすけ》にふれないわけにはいかないだろう。本人の口からも常にめざす政治家像としてあげられるのが、実父の安倍晋太郎《しんたろう》でも、もう一人の祖父である安倍寛《かん》でもなく、常に岸だからだ。

また、そもそも安倍が岸の孫でなかったならば、このような凡庸な人物が総理大臣になることは考えられない。知力、体力、胆力いずれをとって見ても、傑出したところは何もない。この辺は、小泉純一郎《こいずみじゅんいちろう》や中曽根康弘《なかそねやすひろ》、そして安倍の大叔父《おおおじ》にあたる佐藤栄作《さとうえいさく》にしても、長期政権を維持することに成功したほかの政治家と異なるところである。ましてや、もし安倍に岸の孫という「血統書」がなければ、あのように一度政権を放り出した後に、再登板する機会を与えられたわけがない。

今となっては、1年の短命に終わった第一次政権の後、安倍が再起を果たすことなどおよそ想像する者がいなかったことは忘れられているが、2007年夏の参議院選挙で惨敗を喫し過半数を野党側に奪われる「ねじれ国会」に直面、しかし辞任の必要はなしと強気のまま内閣を改造し、秋の臨時国会を開会、自ら所信表明演説を済ませ、いよいよ野党の代表質問が始まるところで急遽《きゅうきょ》辞任を表明したときの衝撃は、文字通り、前代未聞のものであった。タイミングだけをとっても、ドタバタコントのオチを思わせる、信じがたいものがあった。

さらには、あれだけ国家の権威を発揚し、軍事の強化を進めようとしていた人物が、辞意表明後、首相代理もおかず、そのまま2週間にわたって入院して不在になるという無責任ぶりを重ねたことには、まったく呆《あき》れるほかなかった。

実際、突然の「政権放り投げ」は、世界の嘲笑《ちょうしょう》の的ともなった。International Herald Tribune 紙に掲載された風刺漫画では、左半分に「戦後レジームからの脱却」を唱え、日本の国権、国威の回復を謳《うた》った安倍が誇らしげに「Japan is back!」（日本は戻ってきた！）と宣言する姿と、右半分に安倍がいなくなった空席がポツリとあり、あたかも放送事故の際のように、机に「Japan will be back in a moment」（まもなく日本は戻ってきます）と案内板が立っている様子が描かれていた。

　安倍復権への道筋についてはまたのちに詳しく触れるが、そんな安倍が一度ならず二度も政権の座に与《あずか》ることができたのは、まぎれもなく保守反動政治勢力の「プリンス」として遇されてきたことと切り離せない。かつて若手政治家として、北朝鮮による拉致《らち》被害、歴史教科書、靖国《やすくに》参拝、慰安婦といった問題についてタカ派的な言動を繰り返してきた安倍が、保守反動の論客や実務家の期待を集めたことは、保守論壇の雑誌『Voice』（ＰＨＰ研究所発行）が「特集：安倍晋三総理待望論」（２００３年11月10日号）を組んだ際、西《にし》尾幹二《おかんじ》、渡部昇一《わたなべしょういち》、福田和也《ふくだかずや》、中西輝政《なかにしてるまさ》、山本一太《やまもといちた》、竹村健一《たけむらけんいち》、金美齢《きんびれい》、上田清司《うえだきよし》、古森《こもり》義久《よしひさ》、宮内義彦《みやうちよしひこ》、岡崎久彦《おかざきひさひこ》、八木秀次《やぎひでつぐ》などが勢揃いしたことに表れている。

　それが一転、前代未聞の「政権放り投げ」辞任で世界の笑いものになってしまったわけだが、それでも保守反動の応援団は、「私もがっかりしたし、一般の保守層の人々もがっかりしたでしょう。だからといって、左翼思想や戦後の偏向教育思想に戻るということはありえない」（岡崎久彦）、「大砲は放たれた。あとはそれがどこに着弾するか。それを待つだけだよ」（屋山太郎《ややまたろう》）と強がってみせた（2007年9月18日、毎日新聞東京夕刊）。
実際、第1次政権は短命に終わったとは言え、わずか1年の間に、安倍は戦後教育の「行き過ぎた」個人の自由をいましめる目的で「国と郷土を愛する」という語句を盛り込んだ教育基本法の改定を成し遂げ、不祥事続きの防衛庁を防衛省に格上げし、更には、憲法改正に向けた国民投票法の制定も行ったという意味で、まさに「プリンス」としての期待通りの「実績」を挙げたと言える。

安倍本人にしても、幼少期から自分にすり寄ってくる人間の多くが、「昭和の妖怪《ようかい》」として知られた岸の血筋の放つオーラに引き寄せられてきていることを自覚しているのか、著書『新しい国へ　美しい国へ　完全版』第1章「わたしの原点」でも日米安保改定時の祖父の思い出話を紹介していることはよく知られる。では、岸をはじめとした戦後日本政治のタカ派の系譜のなかで、安倍はどう位置づけられるのか。いかなる点を継承し、いかなる点で異なるのだろうか。

自主憲法制定、防衛力強化など、今日に至るまで共通に掲げられた課題も多々あるが、祖父と孫を隔てる大きな違いは、安倍がポスト冷戦の新自由主義（ネオリベラリズム）グローバル化時代の保守反動の旗手であるということだ。とかく戦後生まれということばかりが取り沙汰《ざた》される安倍だが、この点を考えるとき、1993年に初当選を遂げたポスト冷戦期の政治家であることも重要なのである。政界入り前に、父・安倍晋太郎のもとで外務大臣秘書官を務めたのも、日本で保守政治の新自由主義転換を始めた中曽根康弘政権でのことだった。

空を切ってギターを弾く真似を熱く演じる「エア・ギター」というのがあるが、国民国家の空洞化を進めるグローバル化時代の「エア・ナショナリズム」に興じているのが安倍の実像であり、ここに岸との重要な違いが見える。

## 国家社会主義から新自由主義へ

岸が学生時代に北一輝《きたいっき》の国家社会主義の影響を受け、戦前、商工省の革新官僚として統制経済を指揮し、満州《まんしゅう》国経営にあたったことはよく知られている（原彬久《はらよしひさ》『岸信介――権勢の政治家』）。戦後も、岸は公職追放解除直後に社会主義者らとの連携を模索し、右派社会党への入党を打診したほどであり、保守合同路線に転じてからも当面は、中北浩爾《なかきたこうじ》が指摘するように「憲法改正や防衛力増強よりも、『計画性』の枠内での『自由競争』、『福祉国家の実現』、生産力増強のための労使協力」などを重視したのであった（『一九五五年体制の成立』）。

「わが党は、公共の福祉を規範とし、個人の創意と企業の自由を基底とする経済の総合計画を策定実施し、民生の安定と福祉国家の完成を期する」。この一文が、ある政党の綱領にあると言ったとき、いったいどこの政党のものかと思われるだろうか。「公共の福祉」「経済の総合計画を策定実施」「民生の安定」「福祉国家の完成」とある。市場経済を基調とすることは「個人の創意」「企業の自由」という語からかろうじて読み取れるだけである。今日の政党政治の感覚からすると、自由党、民進党系あるいは社民党あたりという感じだろうか。

実はこれは、1955年の自民党結党時の『綱領』であり、今でも党ホームページに「立党時から今も変わらず自民党の基礎として受け継がれる宣言や綱領などの基本文書をご覧いただけます」との記述の後に掲載されている。こうした（国家）社会主義的傾向は、初代幹事長に収まっていた岸の影響にほかならない。さらに言うならば、経済計画、福祉国家、労使協調というような政策志向は、当時、吉田茂《よしだしげる》と自由党から流れる保守本流に対抗した保守傍流に広く共有されていたものであった。

戦後高度経済成長を経たのちの1973年に中川一郎《なかがわいちろう》、石原慎太郎《いしはらしんたろう》、渡辺美智雄《わたなべみちお》ら、岸・福田赳夫《ふくだたけお》・中曽根らに繋《つな》がる中堅・若手タカ派議員たちが田中角栄《たなかかくえい》の進めた日中国交正常化に反発することをひとつのきっかけに結成した青嵐会《せいらんかい》の趣意書においてさえ、「勤労を尊び、恵れぬ人々をいたわり、新しい社会正義確立のために、富の偏在を是正し、不労所得を排除する」との宣言が含まれていたほどであった（中川一郎ほか『青嵐会―血判と憂国の論理』）。

かつてのナショナリストたちのこうした発想は、強い国家のために強い国民が必要という経済的判断だけでなく、日本社会党と日本共産党の革新政党や労働運動が一定の政治勢力をなした時代に階級闘争を和らげ「ひとつの国民」（One Nation）としての意識を喚起することが不可欠という政治的判断にも基づいていた。タカ派で鳴らしていた岸が首相在任中に、最低賃金法や国民年金法を制定し、国民皆保険へ向けて国民健康保険法を改正したのにはこのような事情があった。

これと対照的に、新自由主義イデオロギーに牽引されるグローバル化全盛期の幕開けとも言える小泉純一郎政権で、安倍が内閣官房長官を務めていた際、結党50周年を期に採択された『新綱領』（2005年綱領）では、「小さな政府を」という項が設けられ、「私たちは、国、地方を通じて行財政改革を政治の責任で徹底的に進め、簡省を旨とし、行政の肥大化を防ぎ、効率的な、透明性の高い、信頼される行政をめざします」と規定するのみで、ほかには少子化対策の推進によって「持続可能な社会保障制度の確立を」めざすという項目があるくらいであった。

自民党の元祖の『綱領』と『新綱領』の間の違いは、同じ政党の基礎をなすものとは思えないほどに乖離《かいり》している。実は自民党は、民主党政権時に野党としてもう一度、新たな綱領（『平成22年（2010年）綱領』）を出しており、それが最新版ということになるのだが、その「現状認識」という項目では「反共産・社会主義、反独裁・統制的統治」と「日本らしい日本の確立」のふたつが立党目的であったとし、前者については冷戦の終焉《しゅうえん》で決着したとしたうえで、「我々は、日本国及び国民統合の象徴である天皇陛下のもと、今日の平和な日本を築きあげてきた。我々は元来、勤勉を美徳とし、他人に頼らず自立を誇りとする国民である。努力する機会や能力に恵まれぬ人たちを温かく包み込む家族や地域社会の絆《きずな》を持った国民である。家族、地域社会、国への帰属意識を持ち、公への貢献と義務を誇りを持って果たす国民でもある。これ等の伝統的な国民性、生きざま即ち日本の文化を築きあげた風土、人々の営み、現在・未来を含む3世代の基をなす祖先への尊敬の念を持つ生き方の再評価こそが、もう1つの立党目的、即ち『日本らしい日本の確立』である」との主張を展開している。

『平成22年（2010年）綱領』では、さらに「我が党の政策の基本的考え」のひとつとして「自助自立する個人を尊重し、その条件を整えるとともに、共助・公助する仕組を充実する」と規定しており、「自助自立」が最優先、次いで「共助」「公助」と位置づけられ、「現状認識」項目での論法と併せて理解すると、国家がもはや「公共の福祉」や「民生の安定」に一義的に責任を持っていないことが、「国民性」「日本らしい日本」のあり方として論じられている。

自民党の相矛盾した3つの綱領のどれを優先することになっているのか、おそらくは時代に合わせて変更した最新のものということになるのだろうが、安倍にとって、祖父・岸のめざした強い国民国家を実現するための「公共の福祉」「経済の総合計画を策定実施」「民生の安定」「福祉国家の完成」（『綱領』）ではなく、「家族、地域社会、国への帰属意識を持ち、公への貢献と義務を誇りを持って果たす国民」（『平成22年（2010年）綱領』）を「取り戻す」ことこそが重要であることは、第1次政権でホワイトカラーエグゼンプション（「残業代ゼロ」）の導入を画策し、年金記録問題を軽視して民意の離反を招き、第2次政権においても、残業代ゼロ（「高度プロフェッショナル」制度）を追求、生活保護の支給基準を引き下げ、扶養義務を強化したことなどに明らかである。

もはや特権的な世襲議員の党と化した安倍・自民党は、国民統合の実質を担保するための社会経済政策は放棄して、代わりに復古的なナショナリズムを煽《あお》ってごまかそうと開き直っているのではないか。

## 自主防衛から集団的自衛権へ

冷戦末期以降のグローバル化時代における保守反動勢力のこうした変化は、社会経済政策だけでなく外交防衛政策でも同じように見られる。岸や青嵐会がこだわったのが、あくまでも「自主防衛」すなわち「国防」であったのに対して、安倍は「積極的平和主義」を掲げている。また安倍が強行した集団的自衛権の解釈改憲による行使容認にしても、岸は憲法上、集団的自衛権が認められていないことを明確に国会答弁していたことが指摘されている（南野森《みなみのしげる》「岸内閣が集団的自衛権を容認する答弁をしたというのは本当か？」https://news.yahoo.co.jp/byline/minaminoshigeru/20140304-00033189/）。これはどういうことか。

積極的平和主義という言葉が、政策関係者たちによって初めて口にされるようになったのは、まさに冷戦の終わりが始まっていた１９９０〜91年の湾岸危機・戦争が契機であった（ベルリンの壁が崩壊したのが１９８９年11月）。当時、新自由主義改革の旗手であった小沢一郎《おざわいちろう》を会長に自民党内に「国際社会における日本の役割に関する特別調査会」が設けられ、日本の安全保障を導くべき新たな理念として「積極的・能動的平和主義」が唱えられたのだった。

戦後日本の専守防衛の原則を「一国平和主義」ないし「消極的平和主義」と批判し、湾岸戦争のような状況での自衛隊の海外派兵を「国際協調」や「国際貢献」の名の下に可能としようとするものであった。

またこの頃から、読売新聞や経済同友会、経団連など財界団体でも改憲論が活発になっていったが、斎藤貴男《さいとうたかお》が指摘するように、やはりその目的は「市場経済秩序維持のための国際協力、国際貢献」であり、自国の防衛ではなかった（『ルポ　改憲潮流』）。

２０１３年末に新設された国家安全保障会議（ＮＳＣ）の理念である国家安全保障戦略を策定した「安全保障と防衛力に関する懇談会」の座長を務め、集団的自衛権の行使容認のための議論を主導した「安全保障の法的基盤の再構築に関する懇談会」の座長代理でもあった北岡伸一《きたおかしんいち》が「国際協調主義に基づく、積極的平和主義」を標榜《ひょうぼう》するのは、ポスト冷戦の四半世紀にわたるこうした転換を安倍政権が体現していることを示している。

はっきり言ってしまえば、安全保障の「守る対象」が、国民国家からグローバル企業に変わっているわけだが、こう考えると、第1次安倍政権当時に外資企業であるキヤノンの会長が率いる日本経団連が「新しい教育基本法の理念に基づき、日本の伝統や文化、歴史に関する教育を充実し、国を愛する心や国旗・国歌を大切に思う気持ちを育《はぐく》む。教育現場のみならず、官公庁や企業、スポーツイベントなど、社会のさまざまな場面で日常的に国旗を掲げ、国歌を斉唱し、これを尊重する心を確立する」（2007年1月「希望の国、日本」）と政策提言したことの意味が理解できる。

安倍を支える大企業にとっても、グローバル市場でビジネスを確保し、利益を上げるためには、「ショバ代」を日本としてアメリカに払う必要があり、私企業のために血を流したがる人はあまりいないだろうから、「エア・ナショナリズム」が必要不可欠になってくるのである。

安倍の安全保障政策が、岸よりもかつての小沢に依拠しているのは安倍にとっても小沢にとっても皮肉なことだが、そもそも内閣法制局が構築してきた憲法解釈のくびきから政府を放とうとしてきたのも小沢であり、民主党政権であった。

市場を支配する企業経営者気分で、選挙に勝てば何の制約も受けずに政権与党とりわけ首相の独裁でいいという新自由主義的な政治観は、憲法解釈の「最高の責任者は私」と発言した安倍に限ったものではなく、小泉にも、橋下徹《はしもととおる》にも、そして小沢や民主党の多くにも共有されていたものなのである。

こうした態度は勝者総取り形式の小選挙区制によって助長されているが、選挙に勝った政府は日本銀行総裁、内閣法制局長官、そしてNHKの会長や経営委員らを政治任用して構わない、首長も教育行政に直接介入して構わないという政治姿勢に表れており、また、お手軽に憲法改正できるようにしようという96条改憲の発想にも見られたものである。

国家を成す制度や慣行の権威について無頓着《むとんちゃく》で、選挙さえ勝てば時の政府が何をしてもいいという考え方は、保守思想ともナショナリズムともかけ離れた新自由主義的なグローバル化時代の産物というほかないだろう。

## 情熱がほとばしる「ポスト真実」の政治

このようなグローバル化時代の空疎なエア・ナショナリズムの埋め合わせをするかのよ

うに、安倍らによって盛んに蒸し返されるのが、いわゆる「歴史認識」問題であり、こうした矛盾を覆い隠すために強化されるのが、メディアや言葉の統制である。アメリカでトランプが大統領に当選後、日本でもにわかに耳にするようになった「ポスト真実」の政治である。

アジア太平洋戦争の侵略性や極東軍事裁判の是非については古くから岸なども問題にしており、青嵐会などにしても日教組との対立のなかで「教育の正常化」を訴えたりしている。さらには中曽根による靖国神社公式参拝が外交問題に発展したり、南京《ナンキン》大虐殺などをめぐる閣僚らの舌禍事件が頻発したりと、こちらは保守反動勢力のお家芸のような趣である。

その点、安倍たちの歴史問題をめぐる主張にとりたてて目新しいものはないが、戦争体験から遠ざかるに連れて歴史修正主義の妄想力に歯止めがなくなっていることと、河野《こうの》談話、村山《むらやま》談話、歴史教科書、領土問題棚上げ、靖国参拝取り止めなどを許しがたい裏切りとして目の敵にし、ぶれない「真正保守」を自任し政治家としてのキャリアを築いたという経緯が注目に値するだろう。

平たく言ってしまえば、政治家に必要な資質としてマックス・ヴェーバーが『職業としての政治』で挙げた情熱、責任感、判断力のうち、歴史修正主義に対する情熱のみで暴走してしまうのが安倍らポスト冷戦世代の特徴なのである。

このことは、戦後1993年まで国会議席の3割を占めていた社共が、現在ではおよそ4パーセントまで落ち込み、他の野党と合わせても、彼らに対する抑止機能を果たせなくなっていることと無縁ではない。岸や中曽根であれば、国内外の厳しいチェックを受け、持論はともかくも事の軽重を判断し、結果責任を負わざるを得なかったものが、現在の安倍政権は国内ではやりたい放題、国際的には裸の王様となってしまっている。とりわけ、オバマからトランプへと政権交代が起きてしまってからというもの、歴史や事実の改ざんに対して一定のブレーキをかける作用をもたらしていたアメリカが、今度は安倍とトランプの親和性から加速する方へと向かいかねない状況となっている。

次いで、第1章では安倍政治の心情・イデオロギー的基盤、第2章で人脈・制度的基盤について考察を進める。そして第3章で何を「取り戻そう」としているのか、第4章でメディアや言葉の統制など、そのためにどのような手段を用いているのか、第5章で実際にはどこに向かおうとしているのか、をそれぞれ論じる。最終章にあたる第6章では、安倍政治とその下で進められる国家の私物化に対して、どのようなオルタナティブがあり得るのか考えたい。

（本章の一部は、「国民国家の空洞化を進めるネオリベ時代のエア・ナショナリスト」２０１４年３月28日、『週刊金曜日』９８５号に依拠）

# 第1章　支配と服従の連鎖としての保守反動政治

安倍政治とはいったい何なのか。実は、「安倍的なもの」の呼称を定めることさえ容易ではない。右翼、右派、保守とそれぞれにニュアンスが異なる。今日もっとも一般的に用いられる言葉ということであれば「保守」だろう。しかし問題は、保守という言葉があまりに広く使われるようになったため、その意味内容がぼやけてしまい、実際にある種の婉《えん》曲《きょく》表現として、ことさらに実態をあやふやにするために乱用されているきらいがある。

のちに詳しく触れるが、安倍たちも自ら単に「保守」だけでなく、「真・保守」や「真正保守」を自任することがあり、これは彼らから見て「偽・保守」「エセ保守」が存在する、あるいは存在したという認識を示すものにほかならない。しかし彼らが自任するからと言って、そもそも「真」の保守などと呼べるものが存在するのか、また安倍たちの保守主義が「真正」なものであるかは別問題である。

序章ですでに用いたように、本書では保守政治潮流のなかでの位置づけを明確にする意図で「保守反動」という言葉をもって安倍らの政治勢力を指すことにする。その理由を説明するためにも、まずはふたたび、１９５５年の自民党自身の結党時の綱領的文書と、その50年後、55年後にそれぞれ出されたものとを比較することから入るとしよう。

## 立党時の自民は「保守政党」よりも「進歩的政党」

ちなみに、２００５年小泉政権期、そして２０１０年民主党政権下の野党時代に、自民党の新しい綱領的文書が初めて発表されたということは、それまでの50年の間少なくとも建前上は、自民党の公党としての理念や立場は１９５５年の『立党宣言』や『綱領』などに集約されていたということである。

『平成22年（２０１０年）綱領』をまとめた自民党政権構想会議座長の伊吹文明《いぶきぶんめい》は、「新綱領は我が党が野党の時だけのものではありません。政権を奪還しても、この考えでやっていける綱領でありたいとの思いで作成」したと述べ、「今までの綱領の増補という位置付けといっても良いでしょう。今までの綱領の精神を受け継ぎ、時代に合わぬところを補い、未来に備えたと理解してほしい」と解説している（『新しい綱領 新たな出発 夢と希望と誇りを持てる国・愛する日本をめざして平成22年（２０１０年）綱領』）。

しかし「今までの綱領の増補」というには、１９５５年『綱領』との違いはあまりに大きい。１９５５年から50年間自民党が戴《いただ》いていた綱領的文書には、実は「保守」という言葉が現れない。それどころか、『立党宣言』に「進歩的諸政策を敢行し」、『党の性格』では「わが党は、進歩的政党である」、『党の使命』では「庶政を一新する革新的な実行力ある政党たることを念願する」と記されており、むしろ「進歩」「革新」という「保守」の正反対に対置されていた言葉がわざわざ使われているのである。

わずか3項目からなる簡潔な『綱領』そのものにしても、序章に引用した「民生の安定と福祉国家の完成を期する」とした第3項以外には、憲法改正と再軍備をかなり抑制的にほのめかせた第2項「わが党は、平和と自由を希求する人類普遍の正義に立脚して、国際関係を是正し、調整し、自主独立の完成を期する」に先んずる第1項が「わが党は、民主主義の理念を基調として諸般の制度、機構を刷新改善し、文化的民主国家の完成を期する」と普遍的な理想の追求を謳《うた》いあげており、これまた進歩主義的傾向がはるかに保守志向を上回っている。（ちなみに、より踏み込んだ改憲目標は同じ時に発表された『党の政綱』に書き込まれているが、これについては後にふれる。）

これに対して、『平成22年（2010年）綱領』は、「立党以来護《まも》り続けてきた自由と民主の旗の下に、時代に適さぬもののみを改め、維持すべきものを護り、秩序のなかに進歩を求め、国際的責務を果たす日本らしい日本の保守主義を政治理念として再出発」すると、「日本らしい日本の保守主義」を掲げたうえで、「我が党は常に進歩を目指す保守政党である」と自己規定をしている。「進歩」を求める、とはしているものの、このとき初めて

「保守政党」を自称するようになったわけだ。

ふたたび伊吹の解説を参照すると、ここで提示された国家像に通底する政治理念は、「私たちが大切にし、誇りにしてきた日本人の生き方、『自立、和と絆《きずな》、公徳心』を保守し、長寿少子化社会でも温かく生き甲斐《がい》のある社会に進化するということ」だという。これが今日の自民党の追い求める「日本らしい日本の保守主義」ということなのだ。

２０１０年の時点、自民党は谷垣禎一《たにがきさだかず》総裁によって率いられており、谷垣自身の掲げた「絆」の政治あるいは「おおらかな保守主義」と、伊吹が中心となって構想した「日本らしい日本の保守主義」には、実は明らかな違いがある。比較的穏健な宏池会《こうちかい》の系譜にある谷垣が力点を置くのは、「日本らしさ」ではなく「自助・自立を基本としながら、困っている人がいればお互いに助け合う共助の精神を大切にし、さらには国が力強く支える公助がある」という意味での「おおらかな保守主義」であったからである（前掲した『平成22年（２０１０年）綱領』の解説文書より）。先に引用した伊吹の解説と比べると、「自助・自立」「共助・絆」までは同じだが、「国が力強く支える公助」と「公徳心」つまり「国民が国・公に奉仕する気持ちを持つこと」ではベクトルからして正反対である。

実際、谷垣ではなく伊吹らの考えを反映し、『平成22年（２０１０年）綱領』の第３項

「我が党は誇りと活力ある日本像を目指す」の（1）は「家族、地域社会、国への帰属意識を持ち、自立し、共助する国民」とあり、「公助」がすっぽり欠落しているだけでなく、国民は国への帰属意識を持て、と義務づけている。これはむろんうっかりミスなどではない。同項の（4）で「努力するものが報われ、努力する機会と能力に恵まれぬものを皆で支える社会。その条件整備に力を注ぐ政府」と改めて規定されているように、「努力するものが報われ（自助）」「努力する機会と能力に恵まれぬものを皆で支える社会（共助）」としたうえで、政府・国家は「その（自助と共助の）条件整備に力を注ぐ」だけであって、その先は国民が公徳心をもってどうにかしろ、ということになっている。

それは「民生の安定と福祉国家の完成を期する」というのはむろん、「国が力強く支える公助」とさえ明白に異なる。

## 「小さな政府」から「日本らしい日本の保守主義」へ

ここまで元祖『綱領』と最新の『平成22年（2010年）綱領』を主に分析してきたが、結党50年にあたる2005年の小泉政権下の『新綱領』と『新理念』を参照すると、この間の自民党の変化の経緯がよりわかりやすくなる。

これら小泉政権期の綱領的文書の特徴は、序章でも引用した「小さな政府を」（第３項）で明確に打ち出された新自由主義が、元祖『綱領』では遠回しにほのめかされただけだった「新しい憲法の制定を」（第１項）や、復古的なナショナリズムが初めて明確に掲げられた「高い志をもった日本人を」（第２項）と並置して『新綱領』のトップに据えられていることである。

『新理念』においても、「わが党は、常に長期的・国際的視点に立ち、日本の方向を定め、改革を断行し、また、直面する課題に対しても安易な迎合に堕することなく、強い責任感と実行力をもって対処する責任政党である」という新自由主義的な改革政党たろうとする決意表明が、復古的な「わが党は、先人達が築き上げてきた日本の伝統と文化を尊び、これらを大切にし、その発展をめざす政党である」という一節と並んでいるのである。

１９５５年の『綱領』から、２００５年の『新綱領』、そして『平成22年（２０１０年）綱領』の際の谷垣と伊吹（実際に採択された綱領）の違いをまとめてみると以下のようなことが言えるだろう。

１９５５年体制下の自民党は、自由民主主義という「戦後レジーム」を少なくとも表面上は受け入れ、さらには革新政党の勢いに押されるようにして、自らも「文化的民主国家」「民生の安定と福祉国家の完成」をめざす「進歩的政党」を標榜《ひょうぼう》しており、実際には誰もが保守政党であることを疑わなかったにもかかわらず、正面から「保守」の看板を掲げることはしなかった。

大きな断絶を見せるのが、結党50年の2005年である。小泉の下、55年体制の保守と革新の双方を退ける改革政党として生まれ変わろうとしていた自民党は、「小さな政府」論の新自由主義と、日本の文化や伝統を誇りとする復古的なナショナリズムをともに前面に掲げるようになった。『綱領』と『新綱領』の違いはあまりに大きく、ほとんど同じ政党とは思えないレベルである。『新綱領』には、社会保障（福祉）などでの「共助」的な発想さえほとんど見られないまでに新自由主義が全開である。

その後、格差社会などに対する批判にさらされ、下野の憂き目にあった自民党が、5年後の2010年に出した綱領的文書は、2005年からの軌道修正を図りつつ、55年体制下の綱領的文書との間のつじつまを合わせようという努力も見られるものとなった。

安倍復権の前に野党としての自民党を率いた谷垣が掲げた「おおらかな保守主義」は、小泉に続いた第1次安倍政権以降明確に打ち出されてきた「保守」アイデンティティと、また小泉以降力点が置かれるようになった「自立・自助」理念を継承しつつ、「絆」や

「共助」といった共同体主義（コミュニタリアン）的発想を強調することによって、新自由主義的な自己責任論や復古的な国家主義をオブラートに包む試みだったと言える。

しかし実際に採択された『平成22年（２０１０年）綱領』は、谷垣の「おおらか」志向とは大きくトーンが異なる「日本らしい日本の保守主義」を中核としていた。『新綱領』が「小さな政府を」とまで言い切った新自由主義については、谷垣と歩調を合わせて「共助」の精神をもって「日本らしさ」を滲《にじ》ませたものの、それは、先に引いた伊吹の言葉で「『自立、和と絆、公徳心』を保守」するとあったように、「自立しろ、家族や地域で支え合え、国の厄介になるな、むしろ奉仕しろ」という復古的な国家主義と融合したものであった。

こうして、新自由主義転換以降の自己責任論の徹底と、互いに支え合い、国に頼るのでなく国を強くせよ、という『教育ニ関スル勅語』の精神そのままの復古的国家主義が、矛盾なく直結した状態の追求こそが、「進歩を目指す保守政党」の意味するところである。言い換えれば、１９５５年の元祖『綱領』が前提として受け入れざるを得なかった「戦後レジーム」から脱却し、「日本を、取り戻す。」ことが、「進歩」であると同時に「保守」であるという理屈になっているのだ。

安倍の政治信条と「日本らしい日本の保守主義」が合致していることは、自身が会長を務める議員グループである「創生『日本』」が、その運動方針の前文で「誇りある独立国家として復活するためには、このような『戦後レジーム』からの脱却を何としても成し遂げなければならない。それは同時に、国民ひとりひとりが、真・保守主義の根本理念の下で、皇室を戴き、歴史と伝統を有する我が国に対して自信と誇りを取り戻し、経済社会の発展を図り、平和で豊かな世界を目指し、夢と希望と誇りを持てる日本を築いていくことでもある。われわれはこのような認識から、いま同志と共に、『創生「日本」』の下に結集し、新たな政治の実現に全力をもって取り組む」と述べていることから明らかである。

自民党はもはや「民生の安定と福祉国家の完成」をめざすのではなく、すべての国民が日本の伝統に誇りを持ち、日本をふたたび強く美しい国にするために努力し、戦後レジームからの脱却を成し遂げるよう、「新たな政治」を実現すべきだと言っているのであって、ここに「一億総活躍」政策の基盤がある。

ちなみに「創生『日本』」は、もともと第1次安倍政権の崩壊後、中川昭一《しょういち》を会長に安倍たち周辺の復古的ナショナリストたちを集めて結成した「真・保守政策研究会」を前身としたイデオロギー集団で、2009年に自民党が下野、そしてまもなく中川が死去した際に、安倍をふたたび旗手に擁して改組したものである。これが事実上の安倍派として安倍の復権を可能にしたことについては、また第2章でふれる。

## 「保守」の範疇から振り切れた「反動」の針

以上のような自民党の綱領的文書の変化を踏まえたうえで、「保守」についてさらに論を進めよう。「真・保守」を自称する安倍たちだが、むろん実際にはひとつだけ「本当の」保守があるわけではない。そもそも自意識的な「保守」という政治的な潮流が生まれたのは、近代の始まり、なかでも重要な契機がフランス革命である。啓蒙《けいもう》思想を基底に、「自由」「基本的人権」「民主主義」などの理念が政治を大きく変えはじめたことに対する反発から、保守が誕生したのである。より広く言えば近代の普遍主義や合理主義への反感や懐疑を核として、保守主義が生まれたのだった。

ただ、普遍主義や合理主義の広がりに抗し「古き良きもの」を保守しようと言っても、「自由」「基本的人権」「民主主義」などのフランス革命の成果を一定程度受け入れ、共和制の枠組みのなかでこれ以上の急激な変化を抑えようという、いわば穏健な「現状維持」の立場から、自由や普遍的人権思想などそのものを拒絶し、積極的な反革命運動として、現状をふたたび変えてでも「失われた過去」を取り戻さなくてはいけないという王政復古派やファシズムのような立場まで、実際にはかなりの幅が今日に至るまである。

そして、単に革命的な変化に懐疑的で、現存する伝統や文化を保守しようとするのに止《とど》まらず、必要とあらば革命的変化（反革命・保守革命）を追い求めてでも奪われてしまった「古き良きもの」を再興しなくてはならない、という、とりわけ反動性の強い後者を、保守は保守でも「保守反動」として区別することができる。

保守反動も保守の一部であり、すべての保守が反動性を有していることは間違いないわけだが、皮肉なことに、現状の保守では飽き足らない「反動性」が強まれば強まるほど、その「保守性」が怪しくなる傾向がある。

これは、「反動」がすなわち「リアクション」（reaction）であり、つまり「アクション」（action）に惹起《じゃっき》されてはじめて生まれる以上、反発の対象である「アクション」を前提とし、それに対応し近似してしまうことにある。そもそも普遍主義や合理主義（という近代の「アクション」）に反発する思想が、往々にして保守「主義」として理論武装しようとし、普遍主義や合理主義を内在化してしまうことが、このことを端的に表している。

同様にこうした現象は、社会主義（共産主義）の伸長に対する反動が、国家社会主義

（National Socialism つまり縮めて Nazism ナチズム）という鏡写しの全体主義イデオロギーを生んだことや、一神教たるキリスト教への反動のなかで、八百万の神の神社信仰が「万世一系」の皇室・天皇制度を中心とした一神教的な国家神道へと改変されていったことにも見てとれる。

これは突き詰めると、保守反動が保守しようと躍起になる「古き良きもの」が、単に現在もはや存在しなくなっているだけでなく、未《いま》だかつて一度も存在したことのない、近代以降のまったくの創作物である可能性があることさえ示している。今日の安倍ら保守反動勢力が「取り戻す」ことに執念を燃やす「日本らしい日本」が、平安時代や江戸時代の伝統や文化ではなく、『教育勅語』にしても靖国神社にしても、幕末明治以降の近代化の過程で創作されたものであるのはこのためである。

この点が、１９５５年体制下と２０１０年以降の自民党の違いとなって綱領的文書に表れていることは明らかだろう。55年体制で「改憲」対「護憲」と言えば９条改正をめぐる論争に大きく集約されていたことを反映して、改憲方針を明記した55年の『党の政綱』第６項は「平和主義、民主主義及び基本的人権尊重の原則を堅持しつつ、現行憲法の自主的改正をはかり、また占領諸法制を再検討し、国情に即してこれが改廃を行う。世界の平和と国家の独立及び国民の自由を保護するため、集団安全保障体制の下、国力と国情に相応した自衛軍備を整え、駐留外国軍隊の撤退に備える」とあくまでも9条に焦点を絞っていた。

それが『平成22年（２０１０年）綱領』では、「日本らしい日本の姿を示し、世界に貢献できる新憲法の制定を目指す」と変わっている。「日本らしい日本」を示す憲法が9条改正だけにとどまるわけはなく、より具体的には２０１２年に自民党が作成した現行の『日本国憲法改正草案』のような全面改憲を志向するわけだが、『平成22年（２０１０年）綱領』においても「日本らしい日本」は「我々は、日本国及び国民統合の象徴である天皇陛下のもと、今日の平和な日本を築きあげてきた。我々は元来、勤勉を美徳とし、他人に頼らず自立を誇りとする国民である。努力する機会や能力に恵まれぬ人たちを温かく包み込む家族や地域社会の絆を持った国民である。家族、地域社会、国への帰属意識を持ち、公への貢献と義務を誇りを持って果たす国民でもある。これ等の伝統的な国民性、生きざま即ち日本の文化を築きあげた風土、人々の営み、現在・未来を含む3世代の基をなす祖先への尊敬の念を持つ生き方」と描写されている。

これらを示す「新憲法」をつくろうというのである。これは伊吹の言葉を使えば「公徳心」を国民に教え込むような憲法ということであり、もっと言えば、『教育勅語』を単に復権させようというだけではなく、憲法化したい、という意思表明にほかならない。これが、保守の範疇《はんちゅう》から反動の針が振り切れて出た、今日の「保守反動」勢力としての自民党の姿である。

## 「被害者意識」に根ざす「靖国史観」と保守反動の「無責任」体質

さて、1955年体制下でそれなりに抑制されていた反動性が、今日の自民党では前面に出たかたちになっていることを綱領的文書の変遷が明らかにしたが、安倍政治を読み解くキーワードとして「反動」と密接につながるのが、「日本を、取り戻す。」という選挙で安倍自民党が使ったキャッチコピーに典型的に表れた、喪失感あるいは剝奪《はくだつ》感のにじむ「被害者意識」である。

このことについて考察を深めるために、今日に至るまで日本の保守反動勢力の大きな拠《よ》り所となっている靖国神社が、自ら子ども向けに発行している冊子（『やすくに大百科～私たちの靖國神社』靖国神社社務所発行）からまずは抜粋をお読みいただきたい。

Q：靖国神社って、いつごろ、誰が建てた神社ですか？

A：靖国神社は、今からなんと120年以上も前の明治2年に建てられた歴史のある神社です。日本は、明治時代になる前、鎖国といって長い間、世界の国々との交わりをしていませんでしたが、次第に外国の人々は、厳しい態度で日本の開国を迫ってきました。（中略）そこで、天皇陛下のもとに日本中の人々がひとつの心になって美しい日本の伝統をとり戻し、近代的なすばらしい国をつくり、世界の人々と仲良くしていこうという考えが生まれました。そして日本が大きく生まれ変わろうとする中で、不幸な国内の争い「戊辰《ぼしん》の役（戦争）」が起こり、国のために生命をささげた人がたくさん出たのです。こういう新しい時代づくりの明治維新に亡くなった人々のことを、いつの世までも伝えるために明治天皇は明治2年6月、「東京招魂社」という名前で、ここ東京・九段《くだん》に社をお建てになりました。そして明治12年、いまの「靖国神社」の名に改められました。

Q：「靖国」ってどういう、意味なのですか？

A：「靖国神社」の御社号（神社の名前）は、明治天皇が命名してくださったもので、「靖国」という名前には「国を安らかでおだやかな平安にして、いつまでも平和な国につくりあげよう」という、天皇陛下の深い大御心《おおみこころ》（お気持ち）がこめられているのです。（「靖」という字は「安」と同じ意味です。）靖国神社に祀《まつ》られている神さま方（御祭神）は、すべて天皇陛下の大御心のように、永遠の平和を心から願いながら、日本を守るためにその尊い生命を国にささげられたのです。

Ｑ：「靖国神社」には、どんな神さまが祀られているの？

Ａ：前の所で「戊辰の役（戦争）」のお話をしましたが、その時戦死された３５００余柱（神さまの数をかぞえる時は、ひとりふたりではなく、ひと柱、ふた柱、と呼びます。）をお祀りしたのが最初の神さまです。（中略）こうして、天皇陛下を中心に立派な日本をつくっていこうという大きな使命は、みなさんのご先祖さまのおかげでなしとげられました。けれども、日本の独立と日本を取り巻くアジアの平和を守っていくためには、悲しいことですが外国との戦いも何度か起こったのです。明治時代には「日清《にっしん》戦争」「日露戦争」大正時代には「第一次世界大戦」昭和になっては「満州事変」「支那《しな》事変」そして「大東亜戦争（第二次世界大戦）」が起こりました。（中略）

戦争は本当に悲しい出来事ですが、日本の独立をしっかりと守り、平和な国として、まわりのアジアの国々と共に栄えていくためには、戦わなければならなかったのです。こういう事変や戦争に尊い生命をささげられた、たくさんの方々が靖国神社の神さまとして祀られています。

Q：神さまのことをもっとたくさん教えてください。

A：みなさんは、靖国神社にどれくらい神さまがいらっしゃるか、知っていますか？　答えは、なんと２４６万６０００余柱です。（中略）また、大東亜戦争が終わった時、戦争の責任を一身に背負って自ら命をたった方々もいます。さらに戦後、日本と戦った連合軍（アメリカ、イギリス、オランダ、中国など）の、形ばかりの裁判によって一方的に〝戦争犯罪人〟とせられ、無惨にも生命をたたれた１０６８人の方々……靖国神社ではこれらの方々を「昭和殉難者」とお呼びしていますが、すべて神さまとしてお祀りされています。靖国神社は国民みんながお参りする神社です。これで、靖国神社には、どんな神さまが祀られているのか、おわかりいただけたことでしょう。靖国神社の神さまは、日本の独立と平和が永遠に続くように、そしてご先祖さまが残してくれた日本のすばらしい伝統と歴史がいつまでもいつまでも続くように、と願って、戦いに尊い生命をささげてくださいました。日本が今、平和で栄えているのは、靖国神社の神さまとなられた、こういう方々のおかげなのです。（後略）

「今からなんと120年以上も前」（このリーフレットは1992年の発行）と強調しているが、保守反動が愛してやまないはずの「日本の伝統」を正確に理解していれば、長い日本の神社信仰の歴史のなかで明治2年（1869年）創建というのは神社としてまったく古くないなど、ツッコミどころ満載の記述だが、やはり最大のポイントは、「皇国日本」が近代化の過程で戦ったすべての戦争は「永遠の平和を心から願いながら、日本を守るため」「日本の独立と日本を取り巻くアジアの平和を守っていくため」「日本の独立をしっかりと守り、平和な国として、まわりのアジアの国々と共に栄えていくため」やむを得ず行《おこな》ったもの、つまり「国を安んずる」ためのものだったという「靖国史観」が明確に示されている点である。

ちなみに「皇国日本」とわざわざ書くのは、「天皇陛下を中心に立派な日本をつくっていこうという大きな使命」を果たすために亡くなったことを「国のため」に亡くなったと言うのであり、戊辰戦争など幕末維新の内戦で「朝敵」として殺された日本人兵士は靖国には祀られていないからである。皇国に従わない者が、後に「非国民」として糾弾されたことと変わらない構図である。

ところでこの靖国史観の底に、日本がほとんど意に反して近代化を「こうむった」という「被害者意識」があることが見てとれるだろう。「次第に外国の人々は、厳しい態度で日本の開国を迫って」きたという語りはじめ方に見られるように、ペリーの浦賀《うらが》来航が西洋によって日本が近代化に巻き込まれた「原体験」的な強烈なシンボルとなり、その後の日本の近代化の歩みを、やむを得ないリアクションとしてすべて免罪する働きをしているのだ。

「我が帝国は古来平和を以《もっ》て国是とすれば皇祖列聖安国と平らけく天の下を知食《しろしめ》さむ事を軫念《しんねん》し給ひ、下民も亦《また》聖旨を奉戴《ほうたい》して、平和の為めに一身を犠牲に供し」(『靖国』1964年靖国顕彰会発行の靖国神社誌より)というように、日本は太古の昔から平和の国なのに外国により平和が乱されたので、仕方なく「平和のために」戦争をしたまでである、という理屈だ。靖国史観はそういう意味で「被害者史観」でもあり、植民地支配や侵略戦争の「加害者体験」を認めることができず、むしろ中国や韓国などの「不当な中傷」によって名誉を汚されている歴史問題の「被害者」だと主張するに至るのはこのためである。

近代化を「こうむった」ものと見なす被害者意識が保守を生むと考えれば、喪失感や剝奪感、被害者意識と保守思想一般の関係が根深いことは容易に理解できる。しかし、日本のように帝国として植民地支配を行い、そして戦後は輸出大国にもなった近代化の「成功者」が、近代化に対して被害者意識を持ちつづけるのは奇妙なことである。今日グローバル化を語る時も「受け身」に「対応させられている」ものとして表象されることが常で、近代化にしてもグローバル化にしても日本が能動的な「担い手」となっている側面は見落とされることが多い。

被害者意識を動員するナショナリズムは、近年、イギリスのEU（欧州連合）離脱国民投票やアメリカでのトランプ現象、ヨーロッパにおける極右移民排斥政党の躍進などでも広く見られるが、これら先進国の場合は、社会を分断するアウトサイダー的なポピュリズムとして表出し、外国・EUや移民を敵視するだけでなく、国内においてもグローバル化を賞賛し進めてきた統治エリート、つまり政権与党など議会主要政党や財界・メディアが「加害者」認定される。

翻って、明治維新以降、戦前戦中戦後を通して絶え間なく保守支配がつづいてきた日本では、今日に至るまで被害者意識のナショナリズムを煽《あお》るのが、逆に統治エリートの方であるだけでなく、その統治エリートまでもが被害者ヅラをしているのだ。被害者意識ナショナリズムの歴史が長く、このためその浸透度も高い日本では、天皇から一介の国民まで日本は丸ごと被害者であるという国民神話が受容されやすいのかもしれない。

こうして「やむを得ず」近代化をこうむって、西洋列強（今日で言えば、アメリカ）の真似をしただけなんだ、ということで統治エリートが責任回避できるようになり、さらにはなし崩し的な変節や開き直りまで「仕方ない」ものとして許されるようになるわけだから、保守反動の統治エリートにとって被害者意識ナショナリズムは実に好都合と言える。

この構図は、現在の安倍政権で言えば、集団的自衛権の行使容認やＴＰＰ（環太平洋戦略的経済連携協定）などでも再生産されたものである。まずはアメリカから求められたこれらの「グローバルな変化」への対応を日本の存続のためには「やむを得ない」「避けられない」ものであるというプロパガンダを展開することが、安倍政権による政策推進を容易にするだけでなく、結果のいかんにかかわらず、責任を回避できるものにするのである。

保守反動の統治エリートが、被害者意識を再生産し内面化し、また煽りつづけるのも、こんなに自分たちにとって都合のいいフレームワークはないからだとも言える。

## 『教育勅語』の示す「國體ノ精華」と「まつりごと」としての政治

保守反動勢力の「無責任」ぶりについては、天皇の生前退位問題においても、森友学園事件との絡みにおいても明らかだった。建前では皇室の尊重を掲げている保守反動勢力が、いかに実際の天皇個人の意向には興味がなく、天皇の利用価値しか考えていないかということが生前退位問題への対応で見えたわけだが、実はこの点も戦前から大差なく、このカラクリの正体はとりもなおさず、森友学園事件で注目を集めた『教育勅語』に潜んでいる。

靖国神社誌に「我が帝国は古来平和を以て国是とすれば皇祖列聖安国と平らけく天の下を知食さむ事を軫念し給ひ、下民も亦聖旨を奉戴して、平和の為めに一身を犠牲に供し」とあったものを先に引用したが、『教育勅語』の冒頭の構図もまったく同じものとなっている。章末に原文を掲載するが、ここでは読みやすさを考慮して、１９４０年に出された文部省図書局による『教育に関する勅語の全文通釈』を引くこととする。

**文部省図書局による『教育に関する勅語の全文通釈』**

朕《ちん》がおもふに、わが御祖先の方々が国をお肇《はじ》めになったことは極めて広遠であり、徳をお立てになったことは極めて深く厚くあらせられ、又《また》、わが臣民はよく忠にはげみよく孝をつくし、国中のすべての者が皆心を一つにして代々美風をつくりあげて来た。これはわが国柄の精髄であって、教育の基づくところもまた実にこゝにある。汝《なんじ》臣民は、父母に孝行をつくし、兄弟姉妹仲よくし、夫婦互《たがい》に睦《むつ》び合ひ、朋友《ほうゆう》互に信義を以《もっ》て交《まじわ》り、へりくだって気随気儘《きずいきまま》の振舞《ふるまい》をせず、人々に対して慈愛を及《およぼ》すやうにし、学問を修め業務を習って知識才能を養ひ、善良有為の人物となり、進んで公共の利益を広め世のためになる仕事をおこし、常に皇室典範並びに憲法を始め諸々の法令を尊重遵守《じゅんしゅ》し、万一危急の大事が起《おこ》ったならば、大義に基づいて勇気をふるひ一身を捧げて皇室国家の為《ため》につくせ。かくして神勅のまにまに天地と共に窮《きわま》りなき宝祚《あまつひつぎ》の御栄をたすけ奉れ。かやうにすることは、たゞに朕に対して忠良な臣民であるばかりでなく、それがとりもなほさず、汝らの祖先ののこした美風をはっきりあらはすことになる。

　ここに示した道は、実に我が御祖先のおのこしになった御訓であって、皇祖皇宗の子孫たる者及び臣民たる者が共にしたがひ守るべきところである。この道は古今を貫《つら》ぬいて永久に間違がなく、又我が国はもとより外国でとり用ひても正しい道である。朕は汝臣民と一緒にこの道を大切に守って、皆この道を体得実践することを切に望む。

（出典：文部省「聖訓ノ述義ニ関スル協議会報告」１９４０年２月。田中壮一郎《たなかそういちろう》監修、教育基本法研究会編著『逐条解説　改正教育基本法』から。朝日新聞２０１７年４月１日より）

靖国神社が皇国日本は古来「平和」を国是とし、下民がその「平和」のために一身を犠牲にしてきたと言うように、『教育勅語』もまた、天皇の先祖がはるか昔に建国して以来、極めて深く厚い「徳」を打ち立てられ、またそれに臣民が心を一つとして忠孝に励んできた、と言うのである。『教育勅語』はさらに、これをもって「国柄の精髄であって、教育の基づくところ」（原文では「國體ノ精華ニシテ教育ノ淵源」）としている。

つまり、「徳に基づく天皇の統治」と、それに応《こた》えて「忠孝を尽くして奉仕する国民」というのが、日本の国体ないし国柄の真髄すなわち「日本らしい日本」の本質であり、また『教育勅語』の説く教えの根本なのである。今日の保守反動勢力になじみ深い「国民道徳協会」が戦後広めた口語訳文（たとえば、明治神宮のホームページにも掲載されている）が、意訳して「道義国家」と呼んでいるのが、まさにこれである。

ここで「國體ノ精華」と指し示されているものの構造を確認すると、まず第一に天皇の祖先が「徳」の源泉であるということ、第二に天皇が祖先をたてまつること、第三に天皇とその祖先を臣民がたてまつること、この3つによって皇国日本にはあまねく「徳」が行き渡る（いわゆる「道義国家」）という理屈である。

キーになるのが「たてまつる」関係性だが、かつて丸山眞男《まるやままさお》が「まつりごと」という言葉の持つ意味を、彼独特の政治思想の歴史の追究の中で指摘したことが参考になる（丸山眞男『丸山眞男講義録　第七冊　日本政治思想史1967』東京大学出版会、1998年）。

「たてまつろう」というのは「まつろう」と同じことで、奉仕の「奉」という字を使ったり「仕」のほうを使ったりする言葉である。要は、「崇《あが》め奉る」と言うときの「奉る」という言葉に通じ、「まつろう」とはそういう意味、いわば「奉仕する」「服従する」ということである。

丸山は、政治の「政（まつりごと）」と祭礼・祭祀《さいし》などの「祭り事（まつりごと）」が相通じているとよく言われるが、正確には、政治と祭祀が直接に一体化しているのではなくて、そこに「まつろう、まつろわす」という言葉が媒介していることを指摘した。

上に「まつろう」て、下を「まつろわす」。つまり、従い、従わせる。それが「政」（まつりごと）という言葉の根っこにある、ということになるが、『教育勅語』で指し示されている世界観そして道徳観というのは、まさに天皇が徳の源泉である自らの祖先にまつろい、臣民をまつろわす、ことから成っている。ちなみにこの場合の「まつろわす」ということは、臣民たちが自ら進んで徳を積み、身を修める（「修身」）ことを知るようになる、言い換えれば、自発的に分をわきまえ、服従するようになるよう教化することを意味する。

靖国史観に則して考えると、まつろわない連中がいたときに、まつろわせに行ったというのが平和を愛する皇国日本が止むを得ずに戦った自存自衛の戦争ということになる。国家平定をする、楯《たて》突いた連中を治めに行く、まつろわせに行く。それが政治でもあり、また自存自衛のための戦争だったというような発想になっているわけだ。

こういった発想は、おそらく安倍にかなり顕著で、口を尖《とが》らせて「日教組」とヤジを飛ばしたり、批判的な有権者を「こんな人たち」と指さしたり、というようなところがあるわけだが、あのへんの意味のわからない攻撃性というのは、おそらくそういう発想から来ていて、自分たちに楯突く連中は平定すべき対象というふうに考えている、それをもって政治だと考えているところがあるように見える。

要は、楯突く連中は、騙《だま》してでも力ずくででも服従させる。最終的には、自発的に服従する状態になるのが最も望ましいのであり、いざとなったら国に命を捧《ささ》げなさい、という『教育勅語』の世界観をまさに体現しているとも言える。

森友学園疑惑で垣間《かいま》見られたように、甚だしい公私混同、政官業の癒着、虚偽答弁の連発、組織ぐるみの隠蔽《いんぺい》、威圧に恫喝《どうかつ》、説明責任の放棄というように、安倍総理夫妻を筆頭に政権の中枢そのものが「不道徳」のオンパレードであるにもかかわらず、恥ずかしげもなく「道義国家」だのと言ってのけることができるのは、徳の源泉と位置づけられた天皇とその祖先の名の下に権威と権力をほしいままにする保守反動の統治者ならではと言えるだろう。

安倍政権の下、現在の政治は戦前の「まつりごと」のレベルまで退行してきており、戦後、曲がりなりにも新しい政治のあり方を目指して積み重ねてきた先人たちの取り組みを貶《おとし》め、「戦後レジームからの脱却」「日本を、取り戻す。」と無責任な被害者意識を暴走させるようになってしまった。

## 【資料：自民党の綱領的文書】

## １９５５年　自民党結党時

### 綱領

昭和三十年十一月十五日

一、わが党は、民主主義の理念を基調として諸般の制度、機構を刷新改善し、文化的民主国家の完成を期する。

一、わが党は、平和と自由を希求する人類普遍の正義に立脚して、国際関係を是正し、調整し、自主独立の完成を期する。

一、わが党は、公共の福祉を規範とし、個人の創意と企業の自由を基底とする経済の総合計画を策定実施し、民生の安定と福祉国家の完成を期する。

### 立党宣言

昭和三十年十一月十五日

政治は国民のもの、即ちその使命と任務は、内に民生を安定せしめ、公共の福祉を増進し、外に自主独立の権威を回復し、平和の諸条件を調整確立するにある。われらは、この使命と任務に鑑《かんが》み、ここに民主政治の本義に立脚して、自由民主党を結成し、広く国民大衆とともにその責務を全うせんことを誓う。

大戦終熄《しゅうそく》して既に十年、世界の大勢は著しく相貌《そうぼう》を変じ、原子科学の発達と共に、全人類の歴史は日々新しい頁を書き加えつつある。今日の政治は、少なくとも十年後の世界を目標に描いて、創造の努力を払い、過去及び現在の制度機構の中から健全なるものを生かし、古き無用なるものを除き、社会的欠陥を是正することに勇敢であらねばならない。

われら立党の政治理念は、第一に、ひたすら議会民主政治の大道を歩むにある。従ってわれらは、暴力と破壊、革命と独裁を政治手段とするすべての勢力又は思想をあくまで排撃する。第二に、個人の自由と人格の尊厳を社会秩序の基本的条件となす。故に、権力による専制と階級主義に反対する。

われらは、秩序の中に前進をもとめ、知性を磨き、進歩的諸政策を敢行し、文化的民主国家の諸制度を確立して、祖国再建の大業に邁進《まいしん》せんとするものである。

右宣言する。

**党の性格**

昭和三十年十一月十五日

**一、わが党は、国民政党である**

わが党は、特定の階級、階層のみの利益を代表し、国内分裂を招く階級政党ではなく、信義と同胞愛に立って、国民全般の利益と幸福のために奉仕し、国民大衆とともに民族の繁栄をもたらそうとする政党である。

**二、わが党は、平和主義政党である**

わが党は、国際連合憲章の精神に則《のっと》り、国民の熱願である世界の平和と正義の確保及び人類の進歩発展に最善の努力を傾けようとする政党である。

**三、わが党は、真の民主主義政党である**

わが党は、個人の自由、人格の尊厳及び基本的人権の確保が人類進歩の原動力たることを確信して、これをあくまでも尊重擁護し、階級独裁により国民の自由を奪い、人権を抑圧する共産主義、階級社会主義勢力を排撃する。

**四、わが党は、議会主義政党である**

わが党は、主権者たる国民の自由な意思の表明による議会政治を身をもって堅持し発展せしめ、反対党の存在を否定して一国一党の永久政治体制を目ざす極左、極右の全体主義と対決する。

**五、わが党は、進歩的政党である**

わが党は、闘争や破壊を事とする政治理念を排し、協同と建設の精神に基づき、正しい伝統と秩序はこれを保持しつつ常に時代の要求に即応して前進し、現状を改革して悪を除去するに積極的な進歩的政党である。

**六、わが党は、福祉国家の実現をはかる政党である**

わが党は、土地及び生産手段の国有国営と官僚統制を主体とする社会主義経済を否定するとともに、独占資本主義をも排し、自由企業の基本として、個人の創意と責任を重んじ、これに総合計画性を付与して生産を増強するとともに、社会保障政策を強力に実施し、完全雇用と福祉国家の実現をはかる。

**党の使命**

昭和三十年十一月十五日

世界の情勢を考え、国民の現状を省み、静かに祖国の前途を思うに、まことに憂慮にたえぬものがあり、今こそ、強力な政治による国政一新の急務を痛感する。

原子科学の急速な進歩は、一面において戦争回避の努力に拍車を加え、この大勢は、国際共産勢力の戦術転換を余儀なくさせたが、その終局の目標たる世界制圧政策には毫《ごう》も後退なく、特にわが国に対する浸透工作は、社会主義勢力をも含めた広範な反米統一戦線の結成を目ざし、いよいよ巧妙となりつつある。

国内の現状を見るに、祖国愛と自主独立の精神は失われ、政治は昏迷を続け、経済は自立になお遠く、民生は不安の域を脱せず、独立体制は未だ十分整わず、加えて独裁を目ざす階級闘争は益々《ますます》熾烈《しれつ》となりつつある。

思うに、ここに至った一半の原因は、敗戦の初期の占領政策の過誤にある。占領下強調された民主主義、自由主義は新しい日本の指導理念として尊重し擁護すべきであるが、初期の占領政策の方向が、主としてわが国の弱体化に置かれていたため、憲法を始め教育制度その他の諸制度の改革に当り、不当に国家観念と愛国心を抑圧し、また国権を過度に分裂弱化させたものが少なくない。この間隙《かんげき》が新たなる国際情勢の変化と相まち、共産主義及び階級社会主義勢力の乗ずるところとなり、その急激な台頭を許すに至ったのである。

他面、政党及び政治家の感情的対立抗争、党略と迎合と集団圧力による政治、綱紀紊乱《ぶんらん》等の諸弊が国家の大計遂行を困難ならしめ、経済の自立繁栄を阻害したこともまた反省されねばならぬ。

この国運の危機を克服し、祖国の自由と独立と繁栄を永遠に保障するためには、正しい民主主義と自由を擁護し、真に祖国の復興を祈願する各政党、政治家が、深く自らの過去を反省し、小異を捨てて大同につき、国民の信頼と協力の基盤の上に、強力な新党を結成して政局を安定させ、国家百年の大計を周密に画策して、これを果断に実行する以外に途《みち》はない。

わが党は、自由、人権、民主主義、議会政治の擁護を根本の理念とし、独裁を企図する共産主義勢力、階級社会主義勢力と徹底的に闘うとともに、秩序と伝統の中につねに進歩を求め、反省を怠らず、公明なる責任政治を確立し、内には国家の興隆と国民の福祉を増進し、外にはアジアの繁栄と世界の平和に貢献し、もって国民の信頼を繋《つな》ぎ得る道義的な国民政党たることを信念とする。而《しか》して、現下政治の通弊たる陳情や集団圧力に迎合する政治、官僚の政治支配、政治倫理の低下の傾向等を果敢に是正し、国家と国民全体の利益のために、庶政を一新する革新的な実行力ある政党たることを念願するものである。

わが党は右の理念と立場に立って、国民大衆と相携え、第一、国民道義の確立と教育の改革　第二、政官界の刷新　第三、経済自立の達成　第四、福祉社会の建設　第五、平和外交の積極的展開　第六、現行憲法の自主的改正を始めとする独立体制の整備を強力に実行し、もって、国民の負託に応えんとするものである。

**党の政綱**

昭和三十年十一月十五日

一、**国民道義の確立と教育の改革**

正しい民主主義と祖国愛を高揚する国民道義を確立するため、現行教育制度を改革するとともに教育の政治的中立を徹底し、また育英制度を拡充し、青年教育を強化する。

体育を奨励し、芸術を育成し、娯楽の健全化をはかって、国民情操の純化向上につとめる。

二、**政官界の刷新**

国会及び政党の運営を刷新し、選挙制度、公務員制度の改正を断行して、官紀綱紀の粛正をはかり、政官界の積弊を一掃する。

中央、地方を通じ、責任行政体制を確立して過度の責任分散の弊を改めるとともに、行財政の簡素能率化をはかり、地方自治制度の改革を行う。

三、**経済自立の達成**

通貨価値の安定と国際収支の均衡の上に立つ経済の自立繁栄と完全雇用の達成をはかる。

これがため、年次計画による経済自立総合政策を樹立し、資金の調整、生産の合理化、貿易の増進、失業対策、労働生産性の向上等に亘《わた》り必要な措置を講じ、また資本の蓄積を画期的に増強するとともに、これら施策の実行につき、特に国民の理解と協力を求める。

農林漁業の経営安定、中小企業の振興を強力に推進し、北海道その他未開発地域の開発に積極的な対策を講じる。

国際労働憲章、国際労働規約の原則に従い健全な労働組合運動を育成強化して労使協力体制を確立するとともに、一部労働運動の破壊的政治偏向はこれを是正する。

原子力の平和利用を中軸とする産業構造の変革に備え、科学技術の振興に特段の措置を講じる。

四、**福祉社会の建設**

医療制度、年金制度、救貧制度、母子福祉制度を刷新して社会保障施策を総合整備するとともに、家族計画の助長、家庭生活の近代化、住宅問題の解決等生活環境を改善向上し、もって社会正義に立脚した福祉社会を建設する。

五、平和外交の積極的展開

外交の基調を自由民主主義諸国との協力提携に置いて、国際連合への加入を促進するとともに、未締約国との国交回復、特にアジア諸国との善隣友好と賠償問題の早期解決をはかる。

固有領土の返還及び抑留者の釈放を要求し、また海外移住の自由、公海漁業の自由、原水爆の禁止を世界に訴える。

六、独立体制の整備

平和主義、民主主義及び基本的人権尊重の原則を堅持しつつ、現行憲法の自主的改正をはかり、また占領諸法制を再検討し、国情に即してこれが改廃を行う。

世界の平和と国家の独立及び国民の自由を保護するため、集団安全保障体制の下、国力と国情に相応した自衛軍備を整え、駐留外国軍隊の撤退に備える。

## ２００５年　自民党結党50年（小泉政権期）

### 新綱領

平成17年11月22日

・新しい憲法の制定を

私たちは近い将来、自立した国民意識のもとで新しい憲法が制定されるよう、国民合意の形成に努めます。そのため、党内外の実質的論議が進展するよう努めます。

・高い志をもった日本人を

私たちは、国民一人ひとりが、人間としての普遍的規範を身につけ、社会の基本となる家族の絆を大切に、国を愛し地域を愛し、共に支え合うという強い自覚が共有できるよう努めます。そのために教育基本法を改正するとともに、教育に対して惜しみなく資源を配分し、日本人に生まれたことに誇りがもてる、国際感覚豊かな志高い日本人を育《はぐく》む教育をめざします。

・小さな政府を

私たちは、国、地方を通じて行財政改革を政治の責任で徹底的に進め、簡省を旨とし、行政の肥大化を防ぎ、効率的な、透明性の高い、信頼される行政をめざします。また、国、地方の適切な責任分担のもとで、地方の特色を活《い》かす地方分権を推進します。

・持続可能な社会保障制度の確立を
私たちは、思い切った少子化対策を進め、出生率の向上を図り、国民が安心できる、持続可能な社会保障制度を確立します。

・世界一、安心・安全な社会を
私たちは、近年の犯罪の急増やテロの危険性の高まりに対し、断固たる決意をもって闘うとともに、災害に強い国づくりを進めることにより、日本を世界一、安心・安全な社会にします。

・食糧・エネルギーの安定的確保を
私たちは、世界の急速な変化に対応するため、食糧とエネルギー資源を確保し、経済や国民生活の安定に努めます。特に、食糧の自給率の向上に努めるとともに、食の安全を確保します。

・知と技で国際競争力の強化を
私たちは、わが国の質の高い人的資源と技術力を基礎に、新しい産業の育成にも力を注ぎ、国際競争を勝ち抜くことのできる、活力と創造力あふれる経済の建設をめざします。

特に、日本の中小企業の活力を重視し、また、最先端技術の基礎的、独創的な研究開発を推進し、知と技によって支えられる科学技術立国をめざします。

・循環型社会の構築を

私たちは、自然も人も一体という思いから、地球規模の自然環境を大切にし、世界の中で最も進んだ持続可能な循環型社会の構築をめざします。

・男女がともに支え合う社会を

私たちは、女性があらゆる分野に積極的に参画し、男女がお互いの特性を認めつつ、責任を共有する「男女がともに支え合う社会」をめざします。

・生きがいとうるおいのある生活を

私たちは、ボランティア活動や身近なスポーツ・芸術の振興、高齢者や障害者の社会参加を促進し、生きがいとうるおいのある生活をめざします。そのため、NGO・NPO諸団体をはじめ、あらゆる団体との交流を深め、また、まじめに働く人たちの声を大切にします。

## 新理念

平成17年11月22日

・わが党は、すべての人々の人格の尊厳と基本的人権を尊重する、真の自由主義・民主主義の政党である。

・わが党は、自国の安全はみずからが守るという、気概と使命感をもち、正義と秩序を基に世界平和を希求し、その実現に貢献する政党である。

・わが党は、貧困・疾病・環境など人類が直面する課題の改善に貢献し、地球規模の共生をめざす政党である。

・わが党は、常に長期的・国際的視点に立ち、日本の方向を定め、改革を断行し、また、直面する課題に対しても安易な迎合に堕することなく、強い責任感と実行力をもって対処する責任政党である。

・わが党は、先人達が築き上げてきた日本の伝統と文化を尊び、これらを大切にし、その発展をめざす政党である。

・わが党は、政治は国民のものとの信念のもとに、都市・地方の幅広い支持のうえに立つ国民政党である。

## 2010年　野党時代の自民党（民主党政権期）

### 平成22年（2010年）綱領

平成22年1月24日

#### 現状認識

我が党は、「反共産・社会主義、反独裁・統制的統治」と「日本らしい日本の確立」――の2つを目的とし、「政治は国民のもの」との原点に立ち立党された。平成元年のベルリンの壁の崩壊、平成3年のソ連邦の解体は、この目的の1つが達成されたという意味で、我が党の勝利でもあった。

そこに至るまでの間、共産主義・社会主義政党の批判のための批判に耐え、我が党は現実を直視し、日米安全保障条約を基本とする外交政策により永く平和を護り、世界第2の経済大国へと日本を国民とともに発展させた。

日本の存在感が増すにつれ、国際化のなかで我々は多くのものを得た反面、独自の伝統・文化を失いつつある。長寿国という誇るべき成果の反面、経済成長の鈍化と財政悪化からくる財政諸機能の不全に現在も我々は苦しんでいる。少子化による人口減少は国の生産力を低下させると言われる。

我が国は、これ等の現実を明るく希望ある未来に変えるため、少子化対策とともに、教育の充実と科学技術開発に国民資源を注力することにより生産性を向上させ、長寿人口の活用と国民資質の向上、国際化への良き対応により、経済成長が達成でき、国民生活の充実が可能なことを世界に示さねばならない。

我々は、日本国及び国民統合の象徴である天皇陛下のもと、今日の平和な日本を築きあげてきた。我々は元来、勤勉を美徳とし、他人に頼らず自立を誇りとする国民である。努力する機会や能力に恵まれぬ人たちを温かく包み込む家族や地域社会の絆を持った国民である。

家族、地域社会、国への帰属意識を持ち、公への貢献と義務を誇りを持って果たす国民でもある。これ等の伝統的な国民性、生きざま即ち日本の文化を築きあげた風土、人々の営み、現在・未来を含む3世代の基をなす祖先への尊敬の念を持つ生き方の再評価こそが、もう1つの立党目的、即ち「日本らしい日本の確立」である。

我が党は平成21年総選挙の敗北の反省のうえに、立党以来護り続けてきた自由と民主の旗の下に、時代に適さぬもののみを改め、維持すべきものを護り、秩序のなかに進歩を求め、国際的責務を果たす日本らしい日本の保守主義を政治理念として再出発したいと思う。我々が護り続けてきた自由（リベラリズム）とは、市場原理主義でもなく、無原則な政府介入是認主義でもない。ましてや利己主義を放任する文化でもない。自立した個人の義務と創意工夫、自由な選択、他への尊重と寛容、共助の精神からなる自由であることを再確認したい。従って、我々は、全国民の努力により生み出された国民総生産を、与党のみの独善的判断で国民生活に再配分し、結果として国民の自立心を損なう社会主義的政策は採らない。これと併せて、政治主導という言葉で意に反する意見を無視し、与党のみの判断を他に独裁的に押し付ける国家社会主義的統治とも断固対峙《たいじ》しなければならない。

また、日本の主権を危うくし、「日本らしい日本」を損なう政策に対し闘わねばならない。我が党は過去、現在、未来の真面目に努力した、また努力する自立した納税者の立場に立ち、「新しい日本」を目指して、新しい自民党として、国民とともに安心感のある政治を通じ、現在と未来を安心できるものとしたい。

### 1. 我が党は常に進歩を目指す保守政党である

（1）正しい自由主義と民主制の下に、時代に適さぬものを改め、維持すべきものを護り、

秩序のなかに進歩を求める
（2）勇気を持って自由闊達（かったつ）に真実を語り、協議し、決断する
（3）多様な組織と対話・調整し、国会を公正に運営し、政府を謙虚に機能させる

**2．我が党の政策の基本的考えは次による**

（1）日本らしい日本の姿を示し、世界に貢献できる新憲法の制定を目指す
（2）日本の主権は自らの努力により護る。国際社会の現実に即した責務を果たすとともに、一国平和主義的観念論を排す
（3）自助自立する個人を尊重し、その条件を整えるとともに、共助・公助する仕組を充実する
（4）自律と秩序ある市場経済を確立する
（5）地域社会と家族の絆・温かさを再生する
（6）政府は全ての人に公正な政策や条件づくりに努める
　（イ）法的秩序の維持
　（ロ）外交・安全保障
　（ハ）成長戦略と雇用対策

（ニ）教育と科学技術・研究開発
（ホ）環境保全
（ヘ）社会保障等のセーフティネット
（7）将来の納税者の汗の結晶の使用選択権を奪わぬよう、財政の効率化と税制改正により財政を再建する

**3．我が党は誇りと活力ある日本像を目指す**

（1）家族、地域社会、国への帰属意識を持ち、自立し、共助する国民
（2）美しい自然、温かい人間関係、「和と絆」の暮し
（3）合意形成を怠らぬ民主制で意思決定される国と自治体
（4）努力するものが報われ、努力する機会と能力に恵まれぬものを皆で支える社会。その条件整備に力を注ぐ政府
（5）全ての人に公正な政策を実行する政府。次世代の意思決定を損なわぬよう、国債残高の減額に努める
（6）世界平和への義務を果たし、人類共通の価値に貢献する有徳の日本

「**教育ニ関スル勅語（教育勅語）**」

朕惟フニ我カ皇祖皇宗國ヲ肇ムルコト宏遠ニ徳ヲ樹ツルコト深厚ナリ我カ臣民克ク忠ニ克ク孝ニ億兆心ヲ一ニシテ世世厥ノ美ヲ濟セルハ此レ我カ國體ノ精華ニシテ教育ノ淵源亦實ニ此ニ存ス爾臣民父母ニ孝ニ兄弟ニ友ニ夫婦相和シ朋友相信シ恭儉己レヲ持シ博愛衆ニ及ホシ學ヲ修メ業ヲ習ヒ以テ智能ヲ啓發シ徳器ヲ成就シ進テ公益ヲ廣メ世務ヲ開キ常ニ國憲ヲ重シ國法ニ遵ヒ一旦緩急アレハ義勇公ニ奉シ以テ天壤無窮ノ皇運ヲ扶翼スヘシ是ノ如キハ獨リ朕カ忠良ノ臣民タルノミナラス又以テ爾祖先ノ遺風ヲ顯彰スルニ足ラン

斯ノ道ハ實ニ我カ皇祖皇宗ノ遺訓ニシテ子孫臣民ノ倶ニ遵守スヘキ所之ヲ古今ニ通シテ謬ラス之ヲ中外ニ施シテ悖ラス朕爾臣民ト倶ニ拳拳服膺シテ咸其徳ヲ一ニセンコトヲ庶幾フ

明治二十三年十月三十日

御名　御璽

# 第2章　新自由主義的改革がもたらした国家の私物化

安倍政治を支えてきた人脈や制度的な基盤の解明が、本章の課題である。この間、日本会議の存在と影響力が注目されるようになったが、そうしたハードコアなイデオロギー団体のつながりに限らず、安倍晋三本人や昭恵夫人、そして「お友だち」と呼ばれる人脈による国家の私物化がいかに行われるところとなったのかについても分析を進める。

ここで見失ってはいけないのが、序章で触れたように、安倍がポスト冷戦の新自由主義（ネオリベラリズム）グローバル化時代の保守反動の旗手として、「エア・ナショナリズム」に興じていることである。日本会議のおどろおどろしさは、それはそれで徹底的な考察が必要であるが、その反動的で復古的な国家主義が、「アベノミクス」という看板を生み出した「改革派」と結合した「新右派連合」を形成しているところに、問題の根深さがある。

## 安倍復権をプロデュースした「新右派連合」

２０１２年秋の自民党総裁選における安倍の返り咲きを真っ先に準備する土台の役割を果たしたのは議員集団「創生『日本』」であった。このグループは、第一次安倍政権の崩壊後、中川昭一や平沼赳夫《ひらぬまたけお》らが中心となって設立した「真・保守政策研究会」を前身としており、中川の落選と死亡を受けて民主党政権時代に安倍が会長となったものであり、2012年12月の安倍の政権復帰後しばらく活動が途絶えたことから、保守反動のエースとしての安倍を総理総裁に押し上げることを当面の目的としていたものと考えて差し支えない。実際、この時の総裁選で、安倍は自らの所属する清和《せいわ》政策研究会（旧・清和会）の会長であった町村信孝《まちむらのぶたか》が立候補するにもかかわらず参戦したのであったのだから、事実上の安倍派として機能したとも言える。ただ、そのイデオロギー性の強さから、派閥というよりは派閥を超えたイデオロギー集団と言ったほうが正確であろう。

そのホームページに掲載された運動方針（2010年採択）には、以下の5項目と方針が掲げられている。

1. 社会主義的・全体主義的体質をむき出しにする民主党政権から一日も早く政権を奪還する。
2. 永住外国人地方参政権や夫婦別姓等、問題法案の成立を目指す動きに反対し、我が国の国益と地域共同体、そして家族の絆《きずな》を守り抜く。
3. 「戦後レジームからの脱却」に向けた政治の流れを強め、志を同じくする議員・候補者との連携・協力をめざす。

4. 各界の有識者、専門家と連携し、世界の平和と安定を守り、豊かで歴史と伝統のある日本の創生をめざす新たな構想・政策を立案する。

5. 心ある国民・団体・地方議員に呼びかけ、全国各地で真・保守主義に基づく新たな政治の流れを創り出す国民運動を起こす。

いま、我が国では、昨秋誕生した民主党政権が政治主導の名の下、我が国の主権、国柄、国益を損なう政策を推進しつつある。

安全保障では、日米同盟を損ない、国際的孤立への道を進み、社会政策では、財政赤字をさらに悪化させせバラマキ政治を強化し、夫婦別姓や永住外国人地方参政権など、家族や国の骨格を危うくする政策を推進しようとしている。

われわれは、このような誤った政治の暴走を阻止し、愛する日本を守っていかなければならない。

その一方でわれわれは、戦後ただの一度も憲法を改正できず、自分の国を自分の力で守ることも、誇りある歴史と伝統を学校教育を通じて次代の子供たちに伝えることも、公務員制度を含む行政改革等も、十分になしえてこなかった責任を強く自覚せざるを得ない。

誇りある独立国家として復活するためには、このような「戦後レジーム」からの脱却を何としても成し遂げなければならない。

それは同時に、国民ひとりひとりが、真・保守主義の根本理念の下で、皇室を戴《いただ》き、歴史と伝統を有する我が国に対して自信と誇りを取り戻し、経済社会の発展を図り、平和で豊かな世界を目指し、夢と希望と誇りを持てる日本を築いていくことでもある。

われわれはこのような認識から、いま同志と共に、『創生「日本」』の下に結集し、新たな政治の実現に全力をもって取り組む。

なるほど「戦後レジームからの脱却」「真・保守主義」「国柄」「家族」「愛する日本」「憲法を改正」「誇りある歴史と伝統」「自信と誇りを取り戻す」など、安倍らしいキーワードがいっぱいである。メンバーを見ても、衛藤晟一《えとうせいいち》、菅義偉《すがよしひで》、麻生太郎《あそうたろう》、稲田朋美《いなだともみ》、古屋圭司《ふるやけいじ》、塩崎恭久《しおざきやすひさ》、下村博文《しもむらはくぶん》、高市早苗《たかいちさなえ》、世耕弘成《せこうひろしげ》、加藤勝信《かとうかつのぶ》、山谷えり子《やまたにえりこ》、萩生田光一《はぎうだこういち》らというように、「お友だち」を勢揃いさせた印象である。

しかし、実際に安倍を復権させたのは、こうした復古的な国家主義勢力だけではなく、これと「アベノミクス」を考案したリフレ派の政策関係者・財界・政治家らとの結合だった。ロイター通信の調査報道記事が詳しいので以下に引用する（「特別リポート：『経済の安倍』生んだ復活劇、高支持率に潜む落とし穴」２０１３年5月21日 https://jp.reuters.com/article/tk0681067-special-report-abe-idJPTYE94K03C20130521）。

復活の準備期間の前半が保守派の会合をベースとした「国のあり方」の再構築だったとすると、後半はリフレ派議員との出会いをきっかけにした「経済」。とくにアベノミクスの第一の矢である「大胆な金融緩和」だ。変化は２０１１年、東日本大震災を境に起きた。

安倍はもともと、経済は強くないし、関心も薄いと言われる。しかし、第一次安倍内閣でデフレ克服を経済政策の柱としながらも、２００６年に量的緩和とゼロ金利政策解除を許してしまった失敗が重くのしかかっていた。（中略）「失敗」の答えを探る安倍は、自民党きってのインフレターゲット論者である山本幸三《やまもとこうぞう》と出会い、リフレ的考えに傾斜していく。

山本は、東日本大震災後の復興財源をめぐって、増税に頼らず、大胆な手法によるデフレ脱却と日銀による国債購入による20兆円の復興プログラムを提言。超党派議員連盟を発足させ、安倍に会長を打診した。安倍とはそれまで接点はなかったが、日銀批判を展開していた安倍はこれを承諾。議員連盟の勉強会を通じて、浜田宏一《はまだこういち》・米エール大名誉教授（現内閣官房参与）、岩田規久男《いわたきくお》・学習院大学教授（現日銀副総裁）、高橋洋一《たかはしよういち》嘉悦大学教授、中原伸之《なかはらのぶゆき》元日銀審議委員など、リフレ派との親交を深めていった。（中略）

最初は「半信半疑」だった安倍も、勉強会を重ねるにつれてその手法に確信をもっていった。安倍は先の国会答弁でも「自民党内でも異端の山本氏の主張だったが、議連で高橋氏、浜田氏の話を聞きながら、同じくリフレの主張を展開していたみんなの党代表の渡辺喜美《わたなべよしみ》『説』が正しいと思うようになった」と述べている。

２０１２年９月。安倍は自民党総裁選に打って出る。経済再生を最優先課題に据え、12月の総選挙では経済、とりわけ金融政策を争点化していく。出馬前、山本幸三は「もう一度やるのなら、経済の安倍で復帰しないとだめだ」と進言。第一次安倍内閣で国民の最大の関心事である経済問題への視点が足りなかった反省に加え、デフレ脱却、大胆な金融政策を語れば語るほど株が上がり、円が安くなる状況をみて「これだ」と確信していったという。

現実には、2年間で2パーセントと「公約」したインフレターゲットは、安倍政権がもはや5年余つづいているにもかかわらず、実現の目処《めど》さえたっていない。しかし、あくまでも安倍を政権に再度送り込み、安定的に運営させるための方便にすぎなかったと考えれば、安倍たちにとってそれは大した問題ではない。経済政策としては失敗であっても、政治戦略としては成功したわけだ。

これは安倍を支援する財界人にとっても同様である。同じロイター通信のチームが英文で配信した記事は、JR東海の葛西敬之《かさいよしゆき》や富士フイルムホールディングスの古森重隆《こもりしげたか》らは「具体的な経済政策ではなく、安倍の保守的なアジェンダへの同意から、安倍を支持している」と指摘する。「憲法は個人の権利を前面に出しすぎている。日本の精神を取り戻すことの重要性を安倍さんはとてもよく理解していて、私はそのことに強く賛同した」と古森はロイターの取材に答えている。

(Special Report: The deeper agenda behind "Abenomics" ２０１３年5月24日　https://

www.reuters.com/article/us-japan-abe-specialreport/special-report-the-deeper-agenda-behind-abenomics-idUSBRE94N04020130524)。

インフレターゲット論を安倍に吹き込んだとされる山本幸三は、のちに安倍内閣の地方創生・規制改革担当大臣として、国家戦略特区制度を利用して加計学園による獣医学部新設に関わったことが記憶に新しい。今となっては、アベノミクスの「三本の矢」などいったいなんだったのか思い出すのが困難なほどに忘れ去られているが、三本目の矢と喧伝《けんでん》された成長戦略の中核に位置づけられた規制改革の一つがこの国家戦略特区制度であった。新自由主義的な改革のレトリックが、実際には「お友だち」を優遇するために公権力や国家資産を私物化する目的で用いられたわけだ。

## 新自由主義的改革と政治リーダーシップの強化

このことは、そもそも冷戦末期から推し進められた新自由主義的な政治改革や行財政改革が、自民党長期一党支配の下で日本をむしばむようになった「政官業の癒着」の打破を標榜《ひょうぼう》して展開されてきたことを思い返すと、実に皮肉というほかない。新自由主義的改革が日本を席巻《せっけん》するようになって四半世紀、エア・ナショナリズムをがなりたてる政官業エリートが癒着を極めて、国家を食い物にする事態に至ったのである。

新自由主義とは「強力な私的所有権、自由市場、自由貿易を特徴とする制度的枠組みの範囲内で個々人の企業活動の自由とその能力とが無制約に発揮されることによって人類の富と福利が最も増大する、と主張する政治経済的実践の理論である」（デヴィッド・ハーヴェイ『新自由主義　その歴史的展開と現在』）が、一般に「小さな政府」論と呼ばれるにもかかわらず、実際には、総理大臣や内閣官房（いわゆる首相官邸）へ権力を集中させる「強い国家」論でもあることを見落としてはならない。

新自由主義改革では、政府がそれまで規制などを設けることによって責任を負っていた分野から撤退し「自己責任」を課すことから、当然、置き去りにされることになるアクターの反対を呼び起こすことになるため、行政府の長へと権力を集中し、それを突破しなくてはならないという発想の中央集権的な制度改革を必要とするのである。英語で「lean and mean government」（痩《や》せて意地悪な政府）と言うこともあるように、政府の役割や責任を縮小することと強権的な統治を行うこととは、矛盾しないばかりか補完関係にさえある。

　また、営利企業の活動の自由を最大化することを目的とすることから、政府や政党、公共セクター全般も「企業のように経営されてしかるべき」であると、行政府の長を「最高経営責任者（ＣＥＯ）」になぞらえ、首相への権力集中を進める傾向も、非民主主義的で権威主義的なリーダーシップのあり方を推し進める新自由主義の特徴と言える。こうした「改革」のなれの果てに、アメリカではトランプ、日本で安倍というように、政官業エリートの癒着と公私混同がはびこる、反自由主義的な政権がある。

　１９９３年、38年ぶりとなる非自民党政権を率いた細川護熙《ほそかわもりひろ》が所信表明演説で「政治腐敗の温床となってきた、いわゆる政・官・業の癒着体制や族議員政治を打破する」決意を述べ、「国民の目から見て透明で公正な行政」を実現するために、規制緩和や地方分権、縦割り行政の弊害是正を進める必要がある、と訴えたとき、よもや、族議員ではなく首相とその夫人が「岩盤規制に穴を開ける」とうそぶき、「お友だち」に便宜を図るために、透明で公正な行政を大きく歪《ゆが》める日がくるとは思わなかっただろう。

　もともと行政改革が政治改革に次ぐ主要な政治課題として大きく取り上げられるようになったこの時期には、異なる２つのビジョンがせめぎあっていた。１つは「普通の国」論として知られる、小沢一郎の『日本改造計画』で示された新自由主義的な改革の構想であり、小選挙区制の導入によってイギリス型の二大政党制と政権交代の常態化を実現し、選挙で勝った政党が公約を実現するために果敢にリーダーシップを発揮することをもってあるべき民主主義の姿とするものである。その要点は「政治家主導」（首相や大臣、そして後の政務三役）としての「政治主導」であった。言うまでもなく、この流れが今日まで残りつづけたものであるが、行政府における首相の政治リーダーシップの強化を主眼としていた。

これに対して、当時の新党さきがけが提示していたビジョンは、「官治から民治へ」というスローガンなどに表されたように、官僚支配を批判し行政府への民主的な統制を強めようという点では前者と同じでも、市民に開かれた市民のための行政という視点を前面に打ち出し、そのために情報公開、国会（立法府）の行政府に対するチェック機能の強化、市民社会の活性化を重視した、よりリベラルで多元的な民主主義観に根ざしており、リーダーシップではなく、アカウンタビリティーの強化が関心の中核を成していたと言ってもよい。

## 「少数決」としての小選挙区制

ところが、1994年に小選挙区制の導入が定められ、96年に初めて新しい選挙制度の下で選挙が行われると、経済のみならず政治の新自由主義化は加速度的に進んでいった。小沢ら当時の小選挙区制論者によれば、企業が購買者を求めて互いに商品やサービスを競い合うように、政党が選挙を通じて「お客さま」に擬せられた有権者に候補者や政策をアピールし、互いにどちらが政権を勝ちとることができるか競争する制度こそがあるべき民主主義の姿と主張された。政権交代なき1955年体制の腐敗と膠着《こうちゃく》状況に風穴を開け、経済のロジックで政治の「お客さま満足度」を高めることが謳《うた》われたのである。そして小選挙区制導入を端緒に、「合意形成型」に過ぎると断じられた日本政治を「多数決型」としてつくりなおす政治改革や行政改革がはじまったのであった。

しかし、今日むしろ政治の劣化が嘆かれ、小選挙区制が導入されて20年経ったのに、戦後最低レベルの投票率がつづき、政党政治に対する有権者の期待と信頼が大きく損なわれてしまっている。その理由はさして複雑ではない。ひとつの問題は、小選挙区制が約束しているはずの「政治的市場」が実際にはおよそ市場とは呼べない不完全なものだからである。このことはよく言われる小選挙区制の欠点としての「死票」をあらためて考えてみれば明らかである。

小選挙区が本当にマーケットだったならば、死票など存在しないはずである。経済活動において、自分で選んだある企業の商品ないしサービスを購入しようとしたのにそれが得られなかったとしたら、それは詐欺やぼったくりである。しかも実際には、死票を投じた結果となったとき、我々は何も得られないのではなく、選挙区では選んでもいない政治家、そして全国的には選んでもいない政府を押しつけられることになっているのである。

自由市場どころか、小選挙区制下の選挙ではもともと寡占傾向が強く、もともと大きな2社の商品くらいしか存在しないところで、A社よりB社のものがまだましと思い選んだのに、A社を選んだ客のほうが多かったと言って客全員にレジでA社の商品を配給するシステムに喩《たと》えられるべきだろう。

そもそも日本で小選挙区制を導入した経緯では、意図的に死票の多い制度を作り、政党制の寡占・独占化を進めようとしたわけで、それは言わばわざと寡占市場をつくっているわけであり、有権者と政党政治家の関係を自由市場における売買になぞらえるアナロジーは最初から破綻《はたん》している。

寡占状態から「勝者総取り」で独占（トップ候補しか当選しない小選挙区レベルでも、議会第一党による単独政権が通常となる政府レベルでも）をつくる制度は、自由市場における需給調節メカニズムには似ても似つかないのである。これでは有権者の投票行動に基づく政党に対する市場規律が健全に働くことを期待するほうがおかしい。むしろ寡占市場の論理を考えたとき、二大政党が結託、共謀して、談合やカルテルをむすぶ可能性や、また権力を独占する単独政権が有権者を無視して暴走する可能性は高いと考えるほうが当然である。

小選挙区制による政党政治や民主主義の「市場化」は、こうして有権者に政権選択の幻想を与えつつ、本来は民主主義の主体である有権者を寡占政党あるいは独占政権が支配する客体に変えてしまう作用を持った。しかし小選挙区制の問題はこれには限らない。小選挙区制に基づく「多数決型」民主主義は、本当は「少数決」であって、およそ民主主義と呼べる実質をもちあわせていないのである。

小選挙区制論者がモデルとしたイギリスの場合、戦後を通して今日に至るまで20回総選挙があったなかで、第一党が過半数の議席を獲得できなかったことは3回だけで残り17回は過半数の議席を制しているが、実際には第一党が有効投票の過半数を得票したことはただの一度もない。第一党としての最低得票率は、2005年に労働党が55パーセントの議席を獲得して政権を維持したときのわずか35パーセントあまりである。

要は常に得票数で少数派の政党が議席数では多数派にすり替えられ、それをもって「多数決型」と呼んでいるにすぎないのである。唯一の「例外」は、2010年総選挙で第一党の保守党の獲得議席が過半数に届かなかった結果を受けて2015年までつづいた保守党と自由民主党の連立政権である（保守党36・1パーセントと自由民主党23パーセントで、連立与党合わせて59・1パーセントの得票率）。

「多数決」と言った場合、厳密には majority（過半数）と plurality（過半数に至らない相対多数）の区別をしなくてはいけないが、小選挙区制においてせめて相対多数の得票を得た政党が必ず議席数でもまさっているかと言うと、1951年と1974年2月の2回の総選挙において相対多数の得票をおさめた得票数第一党が議席数第一党（すなわち政権与党）になれなかった。

言い換えれば、イギリスを代表例とする「多数決型」民主主義の実態は、「過半数決」（majority rule）となることはほぼ皆無で、「相対多数決」（plurality rule）とならないことさえ2回あったという「少数決」（minority rule）なのである。これはもはや民主主義とは呼べない何か別のものと言わざるを得ない。

## 二大政党制への動きと「政治主導」の強化

先に指摘したように、むろん日本においても小選挙区制の導入と新自由主義転換は切っても切れない関係にある。いや、かつての小沢一郎の「普通の国」論と選挙制度改革が果たした役割を思い返すと、小選挙区制の導入はまさしく新自由主義改革を日本で推し進めるために行われたというほうが正確だろう。

１９５５年体制は政府レベルでは自民党の一党優位制であり、そこに二大政党制による政権選択の可能性を有権者に与えることを標榜して、それまで議会レベルで曲がりなりにも存在していた多党制を寡占化する試みを体現したのが新進党や民主党の結成に至る政界再編であった。しかしその過程で、１９９３年までは55年体制下で一貫して3割の議席保有率を維持していた社会党・共産党が20余年後の今日4パーセントに落ちるまで左派勢力は衰退し、政治の座標軸全体が幅をぐっと狭めつつ同時に右に大きくシフトすることとなった。日本政治そのものの新自由主義転換がなされたわけである。

新進党が「たゆまざる改革」や「責任ある政治」というように、強力な政治リーダーシップを前面に出した、統治者視点からのキーワードを掲げていたのに対して、新党さきがけの鳩山由紀夫《はとやまゆきお》と菅直人《かんなおと》を軸に社民党の一部を引き抜くかたちで１９９６年に生まれた民主党は当初、「自立と共生の下からの民主主義」「市民中心社会」などを掲げ、「市民」や「友愛」をキーワードに「政官業癒着の利権政治」や「官僚主導の国家中心型社会」との訣別《けつべつ》を宣言していた。

新進党と民主党それぞれに異なる行政改革のビジョンに押されるようにして、橋本龍太郎《はしもとりゅうたろう》率いる自民党政権の下でも、中央省庁の再編と内閣機能の強化が推し進められた。内閣機能の強化とは、平たく言えば、内閣官房を中心とした首相官邸の強化であり、そのスタッフは4倍ほどにまで増大することとなった。またこの時以降、内閣府特命担当大臣が複数置かれるようになり、なかには小泉純一郎政権期に経済財政諮問会議を舞台に構造改革や郵政民営化改革を主導した竹中平蔵《たけなかへいぞう》大臣のように、首相の右腕として強力なリーダーシップを振るうケースも出てくるようになった。

橋本龍太郎の後継となった小渕恵三《おぶちけいぞう》内閣でも、小沢が新進党解党後に率いた自由党を連立政権入りさせた際に、副大臣・政務官制度の導入など政治主導がいっそう強化され、一方、新進党解党後の保守系政治家を吸収して再出発した民主党も「『市場万能主義』と『福祉至上主義』の対立概念を乗り越え、自立した個人が共生する社会をめざし、政府の役割をそのためのシステムづくりに限定する、『民主中道』の新しい道を創造します」を基本理念に、１９９８年夏の参議院選挙では「大胆に！　根本的に！　構造改革で経済を立て直します」「『選択の自由』と『支え合う安心』を大切にします」「官僚の口出し、政治家の口利きを許しません」とバランスをとることに腐心しつつも、総じて新自由主義的改革路線に合流していった。

こうして、かつての新党さきがけのような、市民や国会に対する行政府のアカウンタビリティーを担保、強化しようとする主張は影を潜めていき、強力な政治リーダーシップによる新自由主義的改革路線へと主要政党が収斂《しゅうれん》していったのである。新進党解党後、最大野党となった民主党がこのように改革を競い合う姿勢は、２００１年に小泉政権が誕生しても続き、同年夏には「同じ改革でも中身がちがう。民主党の改革」として、政府与党の改革路線に賛成しつつ、その具体的な中身やスピード、改革の「痛み」の分配、改革を補完するセーフティーネットの整備において、自民党と異なり、またその先を行くことを訴えた。しかし現実には、小泉自民党政権が改革の旗を奪い取ってしまったことによって、民主党は精彩を欠いたまま守勢に立たされつづけた。

こうしたなか２００３年の自由党との合併を経て、２００６年に小沢が代表に就任した頃までには、小泉構造改革路線のさまざまな弊害が明らかになったこととあいまって、民主党は戦略転換を進めていく。「生活」を新たなキーワードに、今や「中道右派」から「中道左派」まで糾合する自民党の対抗勢力となった民主党は、2007年の参議院選挙と2009年の衆議院総選挙において「国民の生活が第一」「コンクリートから人へ」をスローガンに勝利を収めたのであった。ここに至って、かつては徹底的な改革の補完物として位置づけられていたセーフティーネットが、国民の生活を守る政治の使命そのものとして前面に押し出されるところとなり、ムダを排除する行財政改革はその財源確保のための手段として、優先順位がちょうど入れ替わった格好となったのであった。

首相官邸や政務三役への権限の集中という、いわば政治の新自由主義転換が自民党と民主党の二大政党制化とともに進捗《しんちょく》していったわけだが、政権与党による強権的な統治のあり方へとシフトしていくことのつじつま合わせは、まさしく二大政党間のチェック・アンド・バランスが選挙を通じてなされることによってできる、ということになっていった。

また日本の議院内閣制が、実際には世界的に見ても強い二院制に依拠していることから、自民党と民主党の政党間競争が熾烈《しれつ》になっていく状況では、2005年の郵政民営化選挙（衆議院）で自民党が地滑り的な圧勝を遂げたわずか2年後、2007年の参議院選挙で自民党は民主党に第一党の座を奪われ、公明党と合わせても過半数の議席数に達しない

「ねじれ国会」となる惨敗を喫するというように、政権与党への極端なブレーキが利くことにもなった。

つまり、二大政党制が成立するかぎりにおいては、勝者総取りの「少数派支配」の政治も一定のチェック・アンド・バランス機能が期待できたわけで、実際に、小泉政権の強権ぶりの絶頂を示した2005年郵政選挙の次の衆議院選挙となった2009年には民主党が3分の2をうかがう大勝利を収めて政権交代を実現し、マニフェストを有権者との契約になぞらえた「政治主導」の政治を推し進めようとするに至った。

## ブレーキなき「官邸独裁」体制の出現

しかし、戦前から戦後の長きにわたり日本を支配しつづけた保守権力は、1回の選挙結果によってひっくり返るほどやわなものではなかった。民主党による政権交代は、実際には「政権党交代」と呼ぶほうがふさわしく、それは従来の政権党であった自民党が現実には政権の一部をなしていたに過ぎなかったからである。自民党が下野したのちも、民主党に抗《あらが》いつづけた政治権力の筆頭は、言うまでもなく「政治主導」によって最も直接的にその地位を脅かされることになった官僚制であった。

長期安定政権の枠組みのなか、自民党と官僚制は「自民＝官庁混合体」（佐藤誠三郎《さとうせいざぶろう》・松崎哲久《まつざきてつひさ》『自民党政権』）とも称される密接な関係を築き上げており、自らのマニフェストを手に多岐にわたる政策の抜本的な変化を公言する民主党の政権掌握は、まさに歓迎されざる事態であった。

民主党と官僚制の相互不信は強く、鳩山内閣の政務三役がおおむね官僚を排除するかたちで重要な政策決定を進める姿勢を示したことから、官僚側もかつてない疎外感と危機感を味わうこととなり、積極的に新政権に協力しようというような態度はほぼ見られなかった。新政権が一定の支持率を維持していた当初、官僚たちから漏れてくるのは、蚊帳《かや》の外に追い出されたことの愚痴や政務三役らの「政権担当能力」の欠如についての陰口が多く、正面からの表立った反抗や批判はまだ稀《まれ》であったが、それでも官僚制のなかでも比較的「独立性」が高く、従って政治主導の影響を受けにくい官庁は政権交代に対する拒絶反応をより明白に見せることがあった。

民主党政権の誕生にもっとも執拗《しつよう》に抵抗を続けたのは検察庁であった。そもそも最大野党の代表であった当時から小沢をつけ狙った検察組織（法務官僚）の暴走とも言える民主党政治プロセスへの露骨な介入は、「小沢をめぐる一連の」捜査や事件、あるいは「陸山会《りくざんかい》事件」などというような漠然とした名前でしか呼びようのない小沢という野党政治家（当時）個人を標的としたものであり、政権交代後も、検察は政治資金規正法違反容疑で現職国会議員を含む元秘書の逮捕・起訴に至った（その後、検察審査会の議決により、小沢本人も強制起訴）。

確かに、政党助成制度の導入後の政治資金規正法違反容疑をどう考えるべきかについて議論の余地はあるだろう。しかし、かつては「金権政治」という呼称で「権力」が「カネ」を集め、また「カネ」が「権力」を買うことに関わる具体的な問題として認識されていたことに、今日では行政府（官僚制）の一部である検察庁が直接行政権力を行使する立場にない立法府の議員に対しても多大な権力を及ぼしうる状況にあることが、民主党が苛《さいな》まれつづけた「政治とカネ」という曖昧《あいまい》な「問題」の前提となっていることを踏まえる必要がある。

現実に、検察庁が主導しマスコミが煽《あお》った「政治とカネの問題」は、野党時代からほぼ一貫して民主党だけを揺さぶりつづけ、鳩山由紀夫が首相を辞任する一因ともなったばかりか、やがては小沢の処遇をめぐり民主党を完全に分断することに成功した。

マスコミもまた、記者クラブ制度などを民主党によって脅かされ、従来の政治権力のあり方を維持するべく、民主党内閣への強い拒絶反応を示した。そもそも報道各社政治部の上層部の多くは自民党幹部の番記者上がりで占められ、民主党の政策イニシアティブには概して冷淡であった。また、既に破綻した一党優位制のパラダイムから脱却する機会を逸し、時の政権の安易な揚げ足取りに終始することをもってメディアの役割を果たしているふりをし、ほかの先進民主社会のメディアなら当然検証の対象とする前政権（自民党長期政権）の政治・政策上の責任を追及することを怠った。これは財政赤字から東電福島第一原発事故に至るまで徹底していた。

こうして、新聞で言うならば、右派メディア（産経・読売）がなりふり構わず民主党攻撃のボルテージを上げる傍らで、エスタブリッシュメントメディア（朝日・日経）は別の意味の保守性を見せ、民主党政権は政治報道において早々に孤立無援の状態に陥った。

鳩山内閣の崩壊のもっとも直接的な要因となったことからも明らかなように、外交政策とりわけ普天間《ふてんま》基地移設問題の見直しに最大の蹉跌《さてつ》をきたしたのは、従来の日米関係のいっさいの自由化を拒んだ米国側の頑《かたく》なな態度であった。米国は、政権交代と民主党の掲げる日本政治の自由化に全くと言っていいほど準備を欠いており、２００９年中は属国に接するような高圧的な態度を貫いたと言っても過言ではない。こうした傾向はいわゆる「知日派」とされる政策関係者のなかで著しく、ここでも「自民＝官庁混合体」との癒着めいた親密さを印象づけた。２０１０年に入り、ようやく米国のより広範な外交専門家たちから鳩山内閣の新しいアプローチを歓迎するべきとの提言も散見されはじめたが、自国の外務官僚に裏切られマスコミに突き放された首相の「一人相撲」はあえなく潰《つい》えた。

このように、民主党の「政権党交代」は自民党の下野後もなお根強く残った旧来の政治権力の壁が立ちはだかったときに、その脆弱《ぜいじゃく》さを露呈した。２００９年の衆議院総選挙圧勝からわずか1年で、（得票数では自民党を上回っていたとは言え）参議院選挙で惨敗、攻守所を変えたねじれ国会の再来をもたらしてしまったのである。こうして皮肉なことに、民主党は「政権交代」はおろか「政権党交代」さえ完遂できず、旧来の政治権力との手打ちを探って自民党化していき、なし崩し的な大飯《おおい》原発再稼働、民自公三党合意に基づく消費税増税関連法案、尖閣《せんかく》諸島の国有化など一連の保守アジェンダに舵《かじ》を切り、有権者の信頼を失い崩壊するようにして政権を失った。

民主党というオルタナティブの失敗は、みんなの党や大阪維新の会といった、よりいっそう新自由主義・復古的保守主義の傾向を帯びたポピュリスト新政党への有権者の期待を膨らませる結果になってしまい、こうした流れは２０１７年都議選における小池百合子《こいけゆりこ》の都民ファーストの会の大躍進に見られるように未《いま》だに収束していない。

こうして民主党政権の崩壊とともに残された政党システムは、戦後これまでなかったほどにバランスを欠き、チェック・アンド・バランスが利かないものとなってしまった。安倍晋三の政権復帰とブレーキのない「官邸独裁」は、この文脈で誕生し、２０１４年に内閣人事局の設置によって官僚制の幹部人事まで一手に掌握するに至って、ついに完成を迎えてしまった。

小沢や民主党が時間をかけて「政治主導」の制度改革を推し進めたものが、しかし官僚支配の壁にぶち当たり、「官僚を使いこなせなかった」と批判を受けるなか敗走し、これを受け継いだ安倍が「官僚をほしいままに私物化し、使いこなしてしまう」ことがノーチェックでまかり通ってしまう現状をもたらしたのである。

## 「バラマキ」から「私物化」へ

こうして「政官業の癒着打破」を標榜して進められてきた新自由主義的改革の行き着いた先には、新たな形の「政官業の癒着」が待っていただけのことだった。その違いとは何か。かつての癒着や腐敗は、おうおうにして「族議員政治」という言葉とともに語られたことから明らかなように、親分・子分関係に基づいた利益誘導、言い換えれば、バラマキの形を取っていた。そこには腐敗の構造があり、恩顧主義の関係は広範かつ分散的であった。

ところが、現在の安倍政権で問題になっている癒着は、バラマキではなく「ピンポイント」で、しかも子分や「弱者」に対してではなく、安倍首相夫妻の「お友だち」という特権的な地位にあるごく一部の業界関係者に対して、行政を捻《ね》じ曲げて便宜を図る、という形態になっているのである。官僚サイドでこの癒着に関与する者も、組織的に甘い汁を吸うというよりは、財務省理財局長として虚偽答弁を繰り返し、安倍を守り抜いた佐川宣寿《さがわのぶひさ》が国税庁長官に栄転させてもらったように、私的に利益を得ているのである。官邸への権力の一極集中を反映して、癒着の形態も私物化しているわけだ。

「一強多弱」とも言われる安倍官邸への権力の集中は、一部の野心的な官僚にとっても千載一遇のチャンスと捉《とら》えられており、そういう意味では、一方的に安倍や菅らに使われているわけではない。戦後未だかつてない権力の集中をうまく利用すれば、これまでやりたくてもできなかったことが実現できるのは、何も森友学園の小学校設立や加計学園の獣医学部新設だけでなく、特定秘密保護法や共謀罪法をまんまと安倍政権に成立させることができた警察官僚、集団的自衛権の行使容認をやらせた外務官僚、なし崩し的な原発再稼働やTPP、カジノ法などを推進させた経済産業官僚らにしてみれば、こんなに都合のいい政権はない。

ここでも注目すべきは、省庁全体がというよりは、官邸に食い込んだり権勢を誇ったりしている特定の官僚が暗躍しているということで、彼らからすると、安倍に媚《こ》びへつらい、あるいは手柄を立てさせて花を持たせ、可能なかぎり政権を長期化させることが自身の権益を増大させることに直結するわけである。二度と野党による政権交代など起きないよう、安倍自民党に忠義のかぎりを尽くし、野党をはぐらかし、バカにするような官僚が重用されていく。

長期化する安倍政権を支える勢力としては、ともすると安倍本人の心の拠《よ》り所である復古的な国家主義者たちに目が行きがちであるが、新右派連合のもう一翼をなす自称「改革派」政策関係者との共犯関係を見落としてはならない。アベノミクスへの報われることのない期待感をつなぎとめ、成果のない外交の「やってる感」を演出しつづけているのである。

こうした政策関係者や実務家は、官僚やブレーン、財界関係者だけでなく、政治家のなかにもいる。宏池会系で比較的穏健とされる岸田文雄《きしだふみお》や林芳正《はやしよしまさ》など、結局は安倍に良いように使われているだけで、安倍政権の保守反動色を弱めるのに利用されているが、本人たちも要職にありつけることに結局は満足しているのだろう。はっきりしているのは、かつての自民党の戦争体験世代の穏健保守のように抗い戦うことはしないということである。

プラグマティックな改革派を自称する世耕弘成も、内閣官房副長官（現在は、経済産業大臣）の任にあった際、海外メディアに向け、日本会議的な復古的国家主義は安倍の「趣味」に過ぎず、確かに安倍の周りに衛藤晟一や萩生田光一などの右翼的な側近政治家はいるが、彼らは政策決定ラインからは外れた首相補佐官や総裁特別補佐などの地位にあり、官邸の意思決定ラインは菅官房長官や世耕ら「現実主義者」で固めているから「仕事」に「趣味」は持ち込ませないので心配ない、と繰り返していたものだったが、第3次安倍内閣へと長期政権化していったなかで、その萩生田が内閣官房副長官に収まり、同じく極右仲間として安倍が寵愛《ちょうあい》した稲田朋美が防衛大臣にあてられるようになり、隠していたはずのイデオロギー的な「お友だち」が前面に出てくるようになった。

森友学園や加計学園疑惑に関して、稲田にしても萩生田にしても、安倍とあわせてそれぞれ密接な関与が指摘されたことが、安倍政権を窮地に追い込んでいったが、これはとりもなおさず安倍自身の本性が露呈したことにほかならないというべきである。

(本章の一部は、「『政権交代』とは何だったのか、どう失敗したのか――民主党とリベラリズムの来し方と行く末」『世界』2012年9月号および「小選挙区制――『選挙独裁制』が破壊する民主主義」『世界』2014年2月号に依拠)

# 第3章　国益を損ないつづけるエア・ナショナリズム

第1章で安倍政権の保守反動性について論じたが、本章ではさらに議論を深め、いったい彼ら保守反動勢力が何を「取り戻そう」としているのか、そしてなぜ彼らの「被害者意識」がいっこうになくならないのかについて考察を進めていきたい。つまり言い換えれば、ここではいわゆる歴史修正主義、すなわち歴史を改ざんしようとする薄暗い情熱のほとばしりについて扱うことになる。

## なぜ戦後70年を過ぎても「歴史問題」なのか

慰安婦問題や靖国問題、あるいは歴史教科書問題など、戦前・戦中の歴史認識にかかわる日本国内や近隣諸国との間での論争は一般に「歴史問題」と呼ばれるが、まず考えてみたいのは、歴史問題がなぜ戦後70年を越えた今も日本政府と東アジア地域を大きく分断する外交問題としてのしかかっているのかである。

歴史問題が70年以上の長きにわたってずっと未解決の外交問題として存在してきたかというと、実はそうではない。あえて思い切った言い方をすると、歴史問題が外交問題化したのは1980年代に入ってからであり、先鋭化していったのは1990年代の中頃からである。それにしても、なぜ日本はかくまでも保守反動の病をこじらせているのか。

日本ではあまりに当たり前のことになっていて、ともすると忘れられがちだが、世界的に見ても奇異な特殊事情として、戦前から今につづく保守統治エリートの連続性が背景としてあることは疑いをいれない。安倍晋三が、満州国総務庁次長や東條英機《とうじょうひでき》内閣の商工大臣を務めた岸信介の孫であることはよく知られているが、そもそも岸にしても安倍にしても山口県出身すなわち長州藩士・佐藤家の家系である。極端な言い方をあえてするならば、日本は未《いま》だに長州出身の首相に統治されているというわけだ。

ちなみに山口県選出の国会議員は衆議院が小選挙区4選挙区と参議院が選挙区2議員だが、安倍を含めて6名全員が自民党、そのなかには他に安倍の実弟で岸家の養子となった岸信夫《のぶお》や自民党副総裁の高村正彦《こうむらまさひこ》の長男正大《まさひろ》、安倍内閣で農水大臣や文科大臣を務める林芳正らが含まれる。

これは何を意味するのか。長州藩出身の商工官僚であった岸信介が軍部の台頭と歩調を合わせて権力の高みに到達し、アメリカによる占領統治期にA級戦犯容疑で巣鴨《すがも》プリズンに長期勾留《こうりゅう》されたものの、冷戦の文脈のなかでその強い反共思想と統治経験を踏まえて、アメリカにいわば赦《ゆる》されるかたちで訴追を免れ公職復帰を遂げ、1957年には早くも総理の座にまで登りつめたわけである。

これは岸に限らず、明治維新以来の近代日本の保守統治エリートが、そのままファッショ化し、軍国主義に与《くみ》していったということを示しており、ドイツのナチス化と比較した時、その違いは明白である。ドイツの場合、出自さえはっきりしないオーストリア出身のアドルフ・ヒトラーがナチス党を立ち上げ、ドイツの伝統的な保守支配層を押しのけるようにして全権を掌握するに至った。その過程で、例えばケルン市長などを務めたコンラート・アデナウアーのような保守系統治エリートがナチスに追われていた。

むろん、ナチスに協力した伝統的保守エリートはドイツにも存在したが、この違いが戦後の民主化の際に重要な差異をもたらしたことは否めない。ドイツの場合、ナチスとその協力者の公職追放と訴追が推し進められ、逆に復権したアデナウアーらがキリスト教民主同盟を設立、東西に分断されたドイツで保守統治を再開したが、伝統的保守エリートがそのままファッショ化した日本では、仮に彼らのパージと訴追を徹底的に追求しつづけたとすると、戦争協力の過去を持たない統治経験のあるエリートがいなくなる、という問題があったのである。

これはサミュエル・ハンチントンがその著書『第三の波 20世紀後半の民主化』のなかで「拷問者問題」と呼んだもので、民主体制への移行を図る際に、一方では旧体制の下での人権抑圧などの責任を負う為政者を徹底的に訴追したほうが新体制の正統性が高まると言えるものの、他方、旧体制下で政治経験のある者をことごとく訴追してしまうと社会にさらなる分断をもたらし、また統治経験のないものばかりで新体制をスタートすることになると政情不安を招き、結果として民主制への移行が失敗しかねないというジレンマである。

ナチスが伝統的保守エリートの外からファッショ化を行ったドイツに比べて、伝統的な保守エリートがそのままにいわば「上から」ファッショ化した日本の「拷問者問題」は、民主化を図る際により切迫しており、事実として、戦争責任の追及が中途半端なまま岸らの復権を許してしまったわけである。

むろん、西ドイツの場合も、すべてのナチス関係者が戦後すぐあぶり出され、追放されたわけではなかった。しかし西ドイツにおいては、戦後のベビーブーム世代が民主的な価値を我がものとして成長するにつれ、中道左派勢力を押し上げ、1969年にはついにヴィリー・ブラント率いる社会民主党が自由民主党との連立で政権交代を実現した。リベラル左派政権の下、戦後世代が戦前世代のナチス関係者の責任追及を進め、また政権中枢でもブラント首相が1970年ポーランドのワルシャワのゲットー跡地でユダヤ人犠牲者追悼碑にひざまずいて謝意を表明するという歴史的な一歩を進めた。

　ここでも日本は異なる展開となった。戦後の平和と豊かさのなか、革新勢力が都市圏を中心に力をつけ、地方政治レベルでは次々と革新首長が誕生したが、国政での政権交代には至らず、岸信介の弟で安倍晋三の大叔父《おおおじ》に当たる佐藤栄作の長期政権がつづいてしまったのだった。学生ら戦後世代の戦争責任の追及とアジア諸国との和解の模索は、大学や学校、市民運動で重要な流れとなったが、政府や保守統治エリートを大きく動かすことはできなかった。ただこれは、政党政治レベルにおいて保守支配を打ち破れなかったという意味で、教育や研究、言論・報道、そして法廷闘争などを通じて、リベラル左派の教育者やジャーナリスト、市民運動が保守反動勢力と互角以上のせめぎ合いをつづけていたことは見落とすべきではない。

　さらには、日本が韓国や中国とそれぞれ国交正常化を行い、国家レベルにおける賠償・補償問題の解決に取り組んだ時、両国がともに権威主義体制の下にあったことも国際的には歴史問題が先送りないし棚上げされたことにつながったと言えるだろう。

　1965年に日韓基本条約が締結された時、韓国はクーデターで政権を掌握した朴正熙《パクチョンヒ》による軍事独裁体制で、朴はそもそも日本支配下の朝鮮半島に生まれ、日本陸軍士官学校への留学経験さえある満州国軍人としてキャリアを積んだ人物だった。植民地支配や戦争責任の追及は曖昧《あいまい》に終わり、慰安婦問題については俎上《そじょう》にのぼることもなく、被害者が顧みられることはなかった。それどころか声を上げることさえままならなかったと言える。

1972年に実現した日中国交回復もまた同じように、抗日戦争を戦い抜いた世代の英雄である毛沢東《もうたくとう》と周恩来《しゅうおんらい》が直接、田中角栄や大平正芳《おおひらまさよし》と話し合い決めたことに、おおっぴらに異議申し立てをできるような政治環境は当時の中国にはなかったのである。

冷戦終盤期の1980年になって、それまでこうして「凍結」されていた歴史問題が「解凍」され外交問題として顕在化した。一つには、ポスト毛沢東時代の中国で鄧小平《とうしょうへい》によって市場開放政策が推進され、経済の自由化とともに社会や政治の自由化が進んだ。中国ではこの流れは1989年の天安門《てんあんもん》事件で一旦《いったん》大きく後退するが、共産党独裁の下でも一般国民の世論を意識してガス抜きしつつ統治せざるを得ない状況がつづいていく。韓国においてこうした自由化と民主化のプロセスはさらに進み、1988年のソウルオリンピックの開催までに民主政体への移行が成し遂げられた。

いずれにしても、毛や周あるいは朴のような強いリーダーが歴史問題を封印し、対日外交を一手に引き受けて展開することができるような時代は終わったのだった。つまり、多分に日韓ないし日中両政府という2つのプレイヤーが1対1で外交問題を処理できる時代が終わり、両国政府がそれぞれ国内世論を意識せざるを得ず、またそれぞれの国の世論が国境を越えて交差するというふうに4つ以上のプレイヤーが錯綜《さくそう》する時代になったのである。

もう一つには、冷戦終盤期にアメリカをはじめとしたいわゆる西側諸国から日本政府に対してより積極的な外交安全保障上の役割を果たすよう求める声が高まり、日本の保守統治エリートの側でもこの機会に戦後の憲法9条の縛りをゆるめて自衛隊を海外派遣するすべを模索する動きが活発になっていった。これは一方で日本の侵略被害を受けたアジア諸国の警戒感を刺激し、もう一方で日本の保守統治エリートにもそうした反発に対して現実的な対応をすることなくしては「政治大国」として日本が活躍することもできないという判断を迫ることになった。

こうして歴史問題が外交問題として浮上するところとなったのである。それはまず歴史教科書問題というかたちを取った。

## 国際協調主義とその限界

戦後占領期に、１９４７年に教育基本法が施行されるなど、新しい日本国憲法に合致した教育理念に基づいて日本の教育の民主化が進められた。戦前の国定教科書制度は、民間で作成された教科書を国家の側が検定する制度に取って代わられた。１９５０年代の半ば頃までは、南京虐殺なども含めて歴史教科書は日本の侵略についての記述を行っていた。しかし逆コースの開始とともに保守反動勢力は「偏向した」教科書に対する攻撃を強め、１９５０年代終わりまでには侵略に関する記述が削除されていった。

国内の歴史学者、教師、そして市民運動の歴史修正主義に対する粘り強い抵抗を背景に、いわゆる家永《いえなが》裁判を通じて教科書検定制度の乱用に歯止めがかけられ、歴史記述に改善が見られるようになったのは、ようやく１９７０年代半ばになってのことだった。こうした流れが再び保守反動勢力の怒りを買い、第二次教科書攻撃が展開されると、ついに１９８２年中国と韓国両政府が日本の歴史教育を捻《ね》じ曲げる政治的な動きに対して抗議をし、このとき歴史問題が教科書問題というかたちで外交問題化するに至ったのである。

当時の鈴木《すずき》善幸《ぜんこう》内閣は、宮澤《みやざわ》喜一《きいち》内閣官房長官の談話を発して事態の収拾に当たった。

## 「歴史教科書」に関する宮沢内閣官房長官談話

昭和57年8月26日

一、日本政府及び日本国民は、過去において、我が国の行為が韓国・中国を含むアジアの国々の国民に多大の苦痛と損害を与えたことを深く自覚し、このようなことを二度と繰り返してはならないとの反省と決意の上に立って平和国家としての道を歩んできた。我が国は、韓国については、昭和四十年の日韓共同コミュニケの中において「過去の関係は遺憾であって深く反省している」との認識を、中国については日中共同声明において「過去において日本国が戦争を通じて中国国民に重大な損害を与えたことの責任を痛感し、深く反省する」との認識を述べたが、これも前述の我が国の反省と決意を確認したものであり、現在においてもこの認識にはいささかの変化もない。

二、このような日韓共同コミュニケ、日中共同声明の精神は我が国の学校教育、教科書の検定にあたっても、当然、尊重されるべきものであるが、今日、韓国、中国等より、こうした点に関する我が国教科書の記述について批判が寄せられている。我が国としては、アジアの近隣諸国との友好、親善を進める上でこれらの批判に十分に耳を傾け、政府の責任において是正する。

三、このため、今後の教科書検定に際しては、教科用図書検定調査審議会の議を経て検定基準を改め、前記の趣旨が十分実現するよう配慮する。すでに検定の行われたものについては、今後すみやかに同様の趣旨が実現されるよう措置するが、それ迄《まで》の間の措置として文部大臣が所見を明らかにして、前記二の趣旨を教育の場において十分反映せしめるものとする。

四、我が国としては、今後とも、近隣国民との相互理解の促進と友好協力の発展に努め、アジアひいては世界の平和と安定に寄与していく考えである。

宮澤談話に特徴的なのは、「我が国の行為が韓国・中国を含むアジアの国々の国民に多大の苦痛と損害を与えた」ことを踏まえつつも、そうした史実を学校教育や教科書を通じて明らかにし教えるべきであったというのではなく、「アジアの近隣諸国との友好、親善を進める」ために中国や韓国の批判に配慮し、是正を行う、としている点である。

　こうして宮澤談話を受けて改められた教科用図書検定基準には、「近隣のアジア諸国との間の近現代の歴史的事象の扱いに国際理解と国際協調の見地から必要な配慮がされていること」を旨とした、いわゆる「近隣諸国条項」が盛り込まれた。この結果、1984年よりすべての中学歴史教科書、1985年よりすべての高校歴史教科書、1992年より小学校6年生の歴史教科書に、南京事件についての記述が含まれるようになったのである。

　しかし、歴史認識の問題をそれとして捉《とら》え、史実を史実として受け入れた上で歴史教育を行うという主体的な判断は避けたまま、近隣諸国より批判があったので国際協調主義の精神に基づき配慮をするというふうに歴史問題を外交問題にすり替えて対応しようとするアプローチには、初めから自《おの》ずと限界があった。鈴木内閣につづいた中曽根康弘内閣において1986年、文部大臣として入閣したばかりの藤尾《ふじお》正行《まさゆき》が「韓国併合は合意の上に形成されたもので、日本だけでなく韓国側にも責任がある」と発言、対応に苦慮した中曽根が辞任を求めるも藤尾は拒否、結局、中曽根に更迭されるところとなった。

　同様に1988年、奥野《おくの》誠亮《せいすけ》国土庁長官が第二次世界大戦における日本の侵略の意図を否定、辞任に追い込まれた。1994年には、陸上自衛隊幕僚長から政界に転じた永野《ながの》茂《しげ》門《と》が南京大虐殺をでっち上げと断じ、法務大臣就任わずか11日にして辞任、また桜井新《さくらいしん》環境庁長官が記者会見で「日本も侵略戦争をしようと思って戦ったのではなかった。日本だけが悪いという考え方で取り組むべきではない。むしろ、アジアはそのおかげでヨーロッパの植民地支配の中からほとんどの国が独立した」と述べて辞任を余儀なくされた。1995年にも、江藤隆美《えとうたかみ》総務庁長官が「韓国併合は強制的だったとする村山首相の発言は間違っている。植民地時代には、日本が韓国によいこともした」と述べて辞任させられている。

大きな流れを振り返ると、こういうことになる。

敗戦後のアメリカによる占領統治期の民主化改革により、日本社会は植民地支配や侵略の史実と向き合い反省することを迫られた。しかし冷戦を背景に逆コースが始まり、その文脈のなかで日本の主権回復がなされると、それまで息をひそめて小さくなっていた保守反動勢力が勢いづき、本格的な巻き返しに出る。ただしこれに対して日本国内のリベラル左派の民主的勢力も負けておらず、歴史修正主義に対する懸命な抵抗運動を展開する。冷戦終盤期に入り、世界的に自由化の波が強まると、歴史認識をめぐる問題は日本国内の問題から外交問題、国際問題へと発展していく。

事態の収拾にあたった穏健保守は、しかし正面から歴史修正主義を否定するのではなく、国際協調主義の観点から近隣諸国の国民感情に配慮することによって対処を試みる。こうした対応は一定の成果を挙げたものの、後退を余儀なくされた保守反動勢力の「被害者意識」をいっそう煽《あお》る結果にもなり、彼らの歴史修正主義的な「失言」や「妄言」が日本政府の公式な国際協調主義的な対応を台無しにし、すると外交上の必要からふたたび反省や謝罪を繰り返し信頼の回復を図り、またそれに対して保守反動勢力が反発し「舌禍事件」を起こす、という無限ループの外交問題として歴史問題ははまったのであった。

本来、自称・愛国者である歴史修正主義者たちが追求しているはずの「国益」の観点からして、これほど非合理的でばかげたことはない。日本政府が公式には反省や謝罪を繰り返すのに、保守反動勢力がその信頼性を覆す言動を繰り返すため、「謝り損」のような状態が永続し、また国際的にも歴史修正主義的な主張に対する批判が強まりつづけ、日本の外交力が大きく損なわれているのである。

## 後退をつづける靖国派

靖国問題もまた、歴史教科書の問題と同じように展開してきている。

戦前、陸軍省と海軍省直属の別格官幣社という特権的地位にあった靖国神社は、戦後、1945年の「神道指令」（国教分離指令）の結果、単なる宗教法人としてかろうじて廃止を免れた。さらに1947年に施行された日本国憲法によって、信教の自由の保障と国の宗教活動の禁止が定められた。靖国神社は存亡の危機に立っていたと言える。

しかしこうした戦後の法的条件にもかかわらず、戦前からの統治エリートが公職追放をかいくぐって戦後まもなく復帰したように、実際には国教分離は徹底されず、例えば1956年に厚生省が「靖国神社合祀《ごうし》事務協力」を決定、各都道府県に対し恩給受給資格保有者を靖国神社に祀《まつ》る旨を通知、国が一宗教法人に対して合祀のための戦死者名簿（祭神名票）を提供しつづけていった。また、天皇にしても首相にしても、主権回復後ひんぱんに靖国への参拝を重ねていた。

こうした事実は当然ながら、国内のリベラル左派勢力の批判を呼び起こした。教科書問題と同様に靖国問題はまずは国内の論争として始まり、靖国の場合、それは国教分離（いわゆる政教分離）の問題としてであった。戦前回帰を図る保守反動勢力がこうした文脈のなかでまず目指したのは、靖国神社をふたたび単なる宗教法人から国家管理に戻そうということであった。自民党は1969年から1973年の間、5回にもわたって靖国神社法案を国会に提出したが、いずれも廃案となった。

　靖国神社の国家管理がうまくいかないなか、次いで保守反動勢力が目指したのは、総理大臣が（とりわけ終戦記念日に）公式参拝できるようにする、ということだった。しかしこれも、今日に至るまで首相の公式参拝どころか参拝そのものを違憲とする司法判断はあっても合憲としたものは一つもなく、宗教性を薄めるために参拝の形式を変え（つまり神道の参拝作法を無視して）、「私人」「首相個人」として参拝したことにするなど、ありとあらゆる詭弁《きべん》を駆使して、ともかく参拝することができないかを模索するところまで後退を余儀なくされているのである。

　こうして国内でのせめぎ合いがつづいていた靖国問題が外交問題化したのは、やはり教科書問題と同じ頃であった。背景にあったのは、保守反動勢力が靖国神社の宮司に据えた松平永芳《まつだいらながよし》が１９７８年秋に、１９６６年以降保留されていたA級戦犯14名の祭神名票の合祀を決行し、１９７９年春にそのことが公にされたことであった。こうしたなか、タカ派で復古的な思想の持ち主として知られていた中曽根康弘首相が１９８５年８月15日に公式参拝を行い、一気に中国や韓国から批判を呼び起こし、靖国問題は外交問題となった。

　この結果、中曽根は翌年、靖国参拝を断念、首相らによる参拝は外交上のタブーとなり、以後の首相はかつてのように参拝ができなくなったのである。それだけではない。「富田《とみた》メモ」のスクープによって改めて確認されたように、Ａ級戦犯の合祀以降、天皇は靖国神社を参拝しなくなったのである。無残なことに、戦前への回帰を図ってきた保守反動勢力は、靖国神社の国家管理に失敗、首相の終戦記念日の公式参拝はおろかいつどんなかたちでも参拝が極めて困難な状況に陥り、また本来は天皇の名の下に死んでいった「英霊」のはずが、天皇が親拝を拒絶する事態にまで自らを追い込み、それをすべて中国や韓国のせいと被害者意識を募らせるという有様になっているのである。

## 保守反動勢力の逆ギレと墓穴

保守反動勢力が自ら墓穴を掘り、しかも同時に日本政府の国際的な信頼を損ね、「国益」を害するに至ったのは、ポスト冷戦期に新自由主義的な寡頭支配が拡散していくなか、国際協調主義が著しく形骸《けいがい》化していき、小泉純一郎政権から対米追随一辺倒に傾斜し、中国や韓国に対する逆ギレ的な被害者意識に歯止めが利かなくなったからである。

首相の靖国参拝は、日本遺族会会長を務めていた橋本龍太郎が、中曽根と同様に一度参拝し批判を浴びて、以後の参拝を取り止めたのち、２００１年の自民党総裁選で返り咲きを狙った当の橋本と争った小泉が、橋本の「弱腰」をあげつらい、同じく総裁選に出馬していた亀井静香《かめいしずか》との選挙協力を狙って、総理となったら毎年8月15日に参拝することを「公約」したことを発端に、外交問題としていっそうこじれたのであった。

靖国参拝について「心の問題」とうそぶいた小泉であったが、小泉自身は当初、事の重大性を十分に理解していなかったと思われるほど、軽はずみにこの「公約」をした可能性が高い。小泉は首相になる前に熱心に靖国に参拝していた経歴はなく、退任後も参拝をしている気配はない。そういう意味で、むしろ明らかに心の問題ではなく政治的な動機から首相在任期間中にだけ毎年参拝していたものと考えられる。

自縄自縛の状態に陥っていたとも言えるが、靖国参拝が外交問題化することによって政治的な求心力を高めるのを図っていたことも疑いない。構造改革や郵政民営化など新自由主義的な改革を嫌う自民党内の「ナショナリスト」たちは小泉に反発しつつも、中国や韓国の嫌がる靖国参拝を小泉が頑《かたく》なにつづけること一点において、彼を評価し支持していたのである。実際には、8月15日そのものの参拝は退任間際の2006年に限られ、また国教分離の点で憲法違反と裁判所判断を下されることを避けるために、神道の求める様式からかけ離れた略式の参拝ではあったが。

イラク戦争やいわゆる対テロ戦争にのめり込んでいくジョージ・W・ブッシュ大統領との蜜月《みつげつ》関係のおかげで、アメリカ政府の正面からの批判こそ免れたものの、アメリカ議会などでは反発も次第に表明されるようになり、中国や韓国との関係に至っては首脳会談が凍結されつづけるところまで冷え込んでいった。日本国内の財界においてもとりわけ日中関係の悪化についての懸念が高まり、その結果、安倍晋三が小泉の後を継いだ第1次政権の1年間は、靖国参拝を見送らざるを得ないほどにまで首相による靖国参拝に反対する「包囲網」が敷かれていた。

これは、小泉と異なり、靖国参拝が本当に「心の問題」つまり信念の問題である安倍にとっては痛恨の極みであり、実際、安倍本人が首相退任後に参拝できなかった後悔を公言していた。しかし、小泉が政治利用した「逆ギレ」被害者意識のダメージは、安倍ら靖国参拝派にとってもこれに止《とど》まらなかった。

のちに政権復帰を果たした安倍は、首相に返り咲いた一周年記念を祝う自らへの「ご褒美」のように2013年12月26日に靖国参拝を強行した。安倍の歴史修正主義を警戒していたオバマ政権は、再三の「注意」シグナルを無視して靖国参拝を行った安倍に対して、異例の「失望」の意の表明をケネディー駐日大使の名義で即座に行ったのであった。以後、それまでいわば「目をつぶって黙っていてくれた」アメリカ政府にさえ公然と叱責《しっせき》されてしまったから、という実に無様な理由で安倍は靖国参拝をすることができない状態となっている。それは安倍の後につづくいかなる総理をも縛ることになるだろう。

こうして見ると、歴史修正主義がまったく何の合理性も持たないことにつくづく呆《あき》れざるを得ない。歴史認識のゆがみはもちろんのこと、そのことを仮に脇に置いておいても、戦争責任を曖昧にし、戦前の日本の植民地支配や侵略の事実を美化しようとすることによって、現代の日本の「国益」を明らかに損ねているのである。さらには、歴史問題を外交問題化して国益を損ねているだけでなく、歴史修正主義者の自らの主張も後退をつづけ、何も実をあげることができずにいるのである。歴史の書き換えにも失敗し、国益を損ねつづける幼稚な「愛国心」とはいったい何なのか。

## 膨らむアメリカからの借りと慰安婦問題

同様の構造は、慰安婦問題についても見られる。

1993年の河野談話、1995年の村山談話を経て、アジア女性基金と、国際協調主義の限界のなかにしても比較的穏健な統治エリートが取り組んできた和解の試みの信頼性を大きく損ねてきたのは、まさにまだ若手だった安倍、中川昭一、平沼赳夫や衛藤晟一ら新しい保守反動勢力の1990年代後半からの巻き返しであった。教科書検定に合格し1997年から中学歴史教科書として使われる7社の教科書すべてに「慰安婦」への言及があることに危機感を募らせた彼らは、日本会議や「日本の前途と歴史教育を考える若手議員の会」などを通じて猛烈な「歴史戦」に乗り出していったのである。

NHKや朝日新聞への攻撃も含めて猛烈な反撃に出た彼らは、小泉に重要閣僚ポストで取り立てられ、第一次安倍政権を実現し、ついに10年かけて2007年からの教科書では全社の教科書から慰安婦への直接の記述を消し去ることに成功したのであった。第4章で詳述するように、第二次安倍政権においてもさらに慰安婦問題に関して歴史の書き換えを図り、攻勢に出たが、オバマ政権の不信感を深める結果を自ら招いた。

こうして安倍政権でまたもや特徴的となっているのが、対米追随と歴史修正主義のサイクルである。集団的自衛権の行使容認など外交安全保障政策やTPP推進など経済政策で対米追随を強め、その見返りに「お目こぼし」してもらいアメリカ政府の許す範囲で歴史の書き換え、あるいは「歴史戦」にのめり込みすぎた代償として対米追随の強化を受け入れざるを得なくなる、というものである。このサイクルはむろん、小泉が靖国参拝と抱き合わせでアメリカの望む構造改革路線やイラク戦争への加担を行ったのと同じである。

慰安婦問題に関していえば、２０１４年夏頃から安倍政権は朝日への攻撃からアメリカでの「歴史戦」の展開へと攻勢を強め、しかしこれにアメリカの日米政策関係者が反発を強め、安倍政権は安保法制へと「転進」、その延長で、アメリカにとってともに重要な北東アジアの同盟国である日韓関係の改善に必要不可欠な条件として慰安婦問題への対処を求められることになった。

これが２０１５年12月のいわゆる日韓政府基本合意である。20年以上かけて河野談話の事実上の撤回をめざしてきた安倍たちは、結局、ふりだしに戻っただけである上に、外交関係はこじれたままである。近年では、「平和の少女像」などいわゆる「慰安婦像」の世界各地における設立をめぐり、日本政府や大阪市などによる拙劣な対応が、事態の悪化を進めている。

## エア・ナショナリズムとしての歴史修正主義

外交問題化した歴史問題への国際協調主義的な取り組みに安倍たち歴史修正主義者らがとどめを刺して20年ほどになるが、日中、日韓の関係は悪化したまま、アメリカにも叱責されたり、警戒されたりしつつ、足元を見られるように安保や経済での従属強化を迫られて今日に至る。そして国内的には日本会議が我が世の春を迎える事態となっていても、国際的には歴史教科書、靖国参拝、慰安婦問題のいずれにしても歴史修正主義の「言い分」はまったく前進をしていないのである。そうして歴史修正主義者たちはさらに被害者意識を強め、国際規範からの逸脱を悪化させていく。それは日本の国益をいっそう損ねていく。

自己利益に反するという意味も含めてここまで非合理的な保守反動の政治運動は、いったいどのように理解されるべきものなのか。ひとつには、歴史修正主義が論理や合理性にいっさい基盤を持たない、情念の産物であるということがあろう。要は自らや国のためには有害であっても、そのことを冷静に判断する能力はなく、ただ気が済むようにしたいだけ、ということである。

しかし、一定の合理性に則《のっと》った行動との理解も、実は不可能ではない。それは、日本国民の被害者意識を煽り、中国や韓国などを「外敵」として認識させることによって、安倍の祖父・岸を含む戦前の統治エリートが実際にはアジア諸国の人びとだけでなく、日本国民をも騙《だま》し欺き、勝ち目のない戦争へ動員していったことを覆い隠し、さらには今日のグローバル資本主義の下、外国だけでなく日本においても強化されてきた保守反動勢力による寡頭支配（少数派支配）、つまり「私物化される国家」の実態を隠蔽《いんぺい》することを可能にする、エア・ナショナリズムとして用いられている、というふうに考えることもできる。

言い換えれば、過去と現在の日本の国内の保守反動統治エリートと一般国民の利害の乖《かい》離《り》という現実から目をくらませるために、「外憂」を煽り強調するエア・ナショナリズムの狂騒である。支配層の戦争責任や、今日の国益そして国民益をないがしろにした外交安保、経済政策を推し進める世襲政治家たちの失政の責任の追及から目をそらさせ、「けしからん、中国」「生意気な韓国」から「日本を取り戻せ」というのである。

# 第4章　メディア統制と「ポスト真実」の政治

社会に警鐘を鳴らすものという意味で、「新聞は社会の木鐸《ぼくたく》である」というのはよく聞かれる表現だが、この木鐸はもともと中国の春秋時代に法令や教令が出た際、つまりは君主・有司の意思・政策を人民に伝える際に、振り鳴らされたものであることを政治史学者の佐々木隆《ささきたかし》は『日本の近代 メディアと権力』という著作の中で指摘している。そのうえで皮肉をこめて、日本の新聞は事実本来の語義に則《のっと》って社会の木鐸であると言える、更には「日本の新聞は発生以来、政府あるいは権力の情報発信装置としての性格を色濃く宿しており、それは品を変え形を変え、今日に至るまで伏流水のように脈々と流れつづけてきた」と論じているのだ。

本章では安倍政権によるメディア支配や言葉・事実の改ざん、いわゆる「ポスト真実」「オルタナティブ・ファクト」の統治手法について検討を加えるが、まずは佐々木らの研究に依拠しつつ、上記のような批判の根拠となっている新聞と国家権力の緊密な（緊密すぎる）関係を歴史的に概観したのち、新聞をはじめとする組織ジャーナリズムが今日抱える課題について論考を加えることとする。

## 草創期の新聞と国家権力

政府と新聞の「隠微な」関係の解明は日本の新聞史研究においても長らく立ち遅れていたが、新しい史料やそれらに基づく冒頭に引用した佐々木隆らの研究により、さまざまな形態で明治新政府が草創期の新聞を助成、保護していたことが近年明らかになっている。

一つめには、政府による新聞の買い上げという形での事実上の資金援助があり、例えば現在の毎日新聞に連なる東京日日新聞や読売新聞に吸収されることになる郵便報知新聞などがこうした恩恵を受けていたということである。これは草創期の新聞にとって決して無視できないほどの重要な収入源であり、創刊時で25~30パーセントの換算になるという試算もあるほどだ。

後発の開発国家として、日本政府が近代化を強く主導し金融や製造業など多岐にわたる分野で民間部門をリード、育成したことはよく知られているが、こうした国家主導型の近代化が、実は新聞という言論と報道の分野においても見られたというのは大変興味深いことと言えよう。

また二つめには、「太政官御用」として政府の準公告紙扱いを得ることで事実上売り上げ増に貢献してもらうこともあったということである。東京日日新聞などがこの待遇を受け、これは1883年に正式な政府公告紙として『官報』が創刊されるまで続いたが、法令・通達・人事などの政府公告を目当てにしていた読者数は実際かなりのもので、『官報』の創刊によって東京日日新聞などは発行部数が4割近くも激減したという。

そして三つめとしては、「半官」新聞への内閣機密金などからの補助金供与があった。こうした裏資金は東京日日新聞、郵便報知新聞ばかりか、福沢諭吉《ふくざわゆきち》の時事新報にも流れていたと伝えられ、更には朝日新聞にも数年にわたり提供されつづけていたことが明らかになっている（朝日新聞について詳しくは今西光男《いまにしみつお》『新聞 資本と経営の昭和史』を参照されたい）。

近代化を始めた当初の日本では、新聞は大きく二つの種類に分けられた。党派性の強い政論を中心とした「大新聞」とゴシップ・娯楽を重視した「小新聞」である。そのような状況の中で明治政府は、親政府的な立場から情報伝達と世論誘導を行う新聞の養成を目指したが、露骨に政府寄りのスタンスをとる新聞は売れ行きが悪く、その影響力も限られていた。そこで一見中立的な報道を主とした「中新聞」という新しいジャンルの新聞を目立たない形で助成することによってその目的を達することを試みたのである。

結果的に、毎日新聞と朝日新聞に代表されるこのような中新聞は商業的にも大きな成功を収め、やがて新聞の主流を占めるところとなった。草創期に見られた国家による新聞への直接的な資金援助は今日ではむろん過去のものとなったが、政府から見て「中立的」な新聞の育成を政府自体が目標としたことは大変興味深い。

## 政治家・官僚と新聞の一体的な人事という過去

権力と新聞の密接な関係は財政的な庇護《ひご》に止《とど》まらなかった。例えば、長らく長州閥系の親政府新聞と目されていた東京日日新聞は、1891年には伊藤博文《いとうひろぶみ》・井上馨《いのうえかおる》によって直接掌握され、伊藤の側近であった枢密院書記官長の伊東巳代治《いとうみよじ》が（官僚の兼職禁止規定に抵触するため秘密裏に）社主として送りこまれた。

これに対して薩摩《さつま》閥のライバル松方正義《まつかたまさよし》は首相の座にありながら同年、経世新報を創刊し対抗するというように、新聞は政治家同士の権力闘争の道具に用いられることもあった。

政治家が新聞業に手を染めるだけでなく、逆に新聞業を経て政治家として大成した例もいくつかあり、例えば、五・一五事件で暗殺された犬養毅《いぬかいつよし》は、国政に登場する前は郵便報知新聞、東海経済新報、秋田日報、朝野新聞などで記者や主筆として活躍しており、平民宰相と呼ばれた原敬《はらたかし》は、若い頃に郵便報知新聞などで働いた後官僚生活を経て、大阪毎日新聞社の編集総理や社長を務め、政界入りしている。

また、首相として普通選挙法と治安維持法を成立させたことなどで歴史に名を残した加《か》藤高明《とうたかあき》は、三菱や官界でのキャリアを経て、衆議院議員となり、一時期は東京日日新聞社長を務めていたこともある。

ほかに生え抜きの新聞人としては、主筆のちに副社長として戦前の朝日新聞の顔であったと言える緒方竹虎《おがたたけとら》がアジア太平洋戦争終盤に国務大臣・情報局総裁として入閣したことをきっかけに政界入りし、戦後の公職追放解除の後には官房長官や副総理などの要職を歴任し、自由党総裁に登りつめたことが目を引く。

このほか、官僚出身の新聞人も数多く知られている。そのうちの主だったものだけを以下に列挙する。

小松原英太郎《こまつばらえいたろう》（１８５２－１９１９）

評論新聞（禁獄2年処分）、朝野新聞、山陽新報を経て、外務省勤務、内務省に転じて大臣秘書官、埼玉県知事、内務省警保局長、静岡県知事、長崎県知事、司法次官、内務次官などを歴任。退官後、大阪毎日新聞社編集総理のち社長。文部大臣。

下村宏《しもむらひろし》（1875－1957）
逓信官僚。逓信省郵便貯金局長、為替貯金局長の後、台湾総督府民政長官、総務長官で退官。1921年朝日新聞社入社、専務取締役、副社長。43－45年は日本放送協会会長、45年4－8月は国務大臣兼情報局総裁。戦後、戦犯容疑勾留《こうりゅう》、公職追放。

前田多門《まえだたもん》（1884－1962）
内務官僚。内務大臣秘書官、東京市助役など。1928－38年、東京朝日新聞社論説委員。ニューヨーク日本文化会館館長、新潟県知事、貴族院議員、文部大臣。公職追放期間中、東京通信工業（現SONY）社長、指定解除後は大日本育英会会長などを務める。

正力松太郎《しょうりきまつたろう》（1885－1969）
内務官僚。1924年警視庁警務部長在任時に虎ノ門事件の責を引き免職処分、読売新聞社を買い取り社長となる。戦犯容疑勾留、公職追放を経て、日本テレビ放送網社長、読売新聞社社主、衆議院議員、科学技術庁長官などを歴任。

関口泰《せきぐちたい》（１８８９－１９５６）

台湾総督府事務官を経て、１９１９年に大阪朝日新聞社入りし、東京朝日新聞社調査部長、政治部長、論説委員、ベルリン特派員などを歴任、39年に退社。戦後、国立教育研修所長・文部省社会教育局長・帝国図書館長事務取扱、横浜市立大学学長など。

石井光次郎《いしいみつじろう》（１８８９－１９８１）

内務官僚。警視庁保安課長を経て、台湾総督府秘書課長など。１９２２年朝日新聞社に転じ、経理・営業を統括、終戦時には専務取締役。戦後、日本自由党代議士となり、商工大臣。公職追放指定解除の後、朝日放送社長を経て再び衆議院議員、運輸大臣、自由党幹事長、副総理、通産大臣、法務大臣、衆議院議長などを歴任。

小林與三次《こばやしよそじ》（１９１３－１９９９）

内務官僚、正力松太郎の女婿。戦後は自治省財政局長、事務次官のち退官。住宅金融公庫副総裁を経て、読売新聞主筆・副社長・社長、日本テレビ放送網社長などを歴任。

こうして概観すると、いかに新聞業界と政官界が密接に繫《つな》がってきたかがよくわかるだろう。なかには、小松原英太郎のように新聞人として投獄生活を余儀なくされた人物がのちに内務省警保局長となり新聞を弾圧する側に回ったケースさえあったのである。

大摑《おおづか》みな傾向としては、毎日新聞（大阪毎日新聞・東京日日新聞）が政官界の大物をたびたび社長級で遇してきた一方、朝日新聞（大阪朝日新聞・東京朝日新聞）は緒方竹虎の下、内務省や台湾総督府と縁の深いエリート内政官僚を複数重用してきたと指摘できるかもしれない。

他方、後発の読売新聞は、正力松太郎・小林與三次というともに内務官僚出身の義理の父子に率いられ急速な成長を遂げた。

いずれにしても、国家権力とジャーナリズムの間に予期されるような緊張関係をここに見出《みいだ》すことは不可能である。それどころか敢《あ》えて多少乱暴な議論をするならば、エリートが政官界と新聞界を自在に行き交うさまを見ている限り、新聞は国家統治機構の一翼を担っているかのようにさえ見える。

事実、緒方竹虎と下村宏という情報局総裁を送り出した朝日新聞をはじめ、毎日新聞にしても読売新聞にしても、国家権力の侵略戦争遂行に全面的に加担していく結果となった。

しかも、これら日本の主たる新聞社はいずれも自らの戦争責任を厳しく追及することなく、企業体として敗戦と占領を生き延びることに成功する。

## 戦後につづく癒着的な関係

さすがに戦後は、戦前期のように政官界と新聞界のトップレベルでエリートが行き交うことは見られなくなったが、それでも国家権力と新聞の緊密すぎる関係は、いわゆる「番記者」と保守政治家の間に引き継がれるところとなった。

もっとも悪名高い例としては、大野伴睦《おおのばんぼく》に食い込むことで足場を築き、のちに中曽根康弘が首相に登りつめるのと歩調を合わせるようにして読売新聞に君臨するに至り、今日まで権勢の限りを尽くす渡邉恒雄《わたなべつねお》がいる。また、池田勇人《いけだはやと》をはじめ宏池会の領袖《りょうしゅう》の側近政治記者として名を馳《は》せた島桂次《しまけいじ》（元NHK会長）の例もよく知られる。

最近でも「神の国」発言の釈明記者会見を開いた際、森喜朗《もりよしろう》に記者会見を切り抜ける指南書を内閣記者会に所属する記者（大木潤《おおきじゅん》NHKサブキャップと言われている。川崎泰資《かわさきやすし》・柴田鉄治《しばたてつじ》『検証 日本の組織ジャーナリズム―NHKと朝日新聞』を参照）が捧《ささ》げていたことが露見した一件もあった。

このほかにもかねてから、新聞や放送業界の指導的立場にある人々が政府審議会に多数参加して、国家権力を監視する市民のための番犬としての役割を放棄しているという批判がある。

原寿雄《はらとしお》『ジャーナリズムの思想』の指摘するところによると「法令に基づく中央の審議会だけでも二〇〇を超え、その大半に新聞・放送人が参加、その数は現役の役員、論説委員などだけでここ数年、毎年一五〇人前後に上って」おり、地方自治体の審議会に参加しているマスメディア関係者も含めるとその数はのべ１０００人を超えると推計されるという。

信濃毎日新聞のように全面不参加、朝日新聞や東京メトロポリタンテレビジョンのように原則不参加の方針を確立している報道機関は例外で、大多数は審議会に入りその結果として官僚主導の政策過程のお先棒を担いでいると批判されても仕方がないのが現状となって久しい。

## 戦争と新聞

「カネ」と「人」の両面で国家権力と新聞の関係をざっと概観してきたが、最後に戦争という国家権力がもっともむきだしになる事態と新聞について、もう少し詳しく述べないわけにはいかないだろう。全体として戦争が新聞メディアの産業としての成功に大きく貢献したことは無視できず、また今日の新聞界を規定するいくつかの重要な制度的基盤が戦時中に形成されたことも事実なのである。

佐々木の前掲書によると、日本における戦争特派員の第一号は、西南戦争に新政府軍サイドで従軍した東京日日新聞の福地《ふくち》桜痴《おうち》だと言われている。東日にしても福地個人にしても長州閥に食い込んでおり、そのことから軍団御用掛の肩書きを得て取材することが可能になり、これにより東日は大きく部数を伸ばしたという。

この後、東京日日新聞に限らず新聞各紙は総じて戦争のあるごとに発行部数の拡張を果たし、この傾向は日清戦争、日露戦争、満州事変、日中戦争と続いた。まさに一大産業としての新聞業の地位確立は戦争と密接に絡むことによってなされたと言っても過言ではないのである。

統制の強化や（用紙などの）物資不足によって、太平洋戦争だけは部数の増大につながらなかった。

しかしその一方で、１９４０年頃より地方紙の統合が進められ、戦後も優越紙の形で多くの場合残存する一県一紙制が打ち立てられ、皮肉なことに戦時統制のおかげで地方紙は今日に至る安定した経営基盤を得ることができたとも言えるのである。

また中央紙レベルでも統合整理が国家主導で推し進められ、１９４２年頃までには朝日新聞、毎日新聞、読売新聞（読売報知）、日本産業経済新聞、産業経済新聞、東京新聞のいわゆる六大紙の成立を見たのである。更には、新聞社・通信社で構成される独占的な情報カルテルとの批判も多い、今日につながる記者クラブの統制・改組がなされたのもこの時期のことであった。

アジア太平洋戦争との関連では、中央紙のうちで最後まで軍国主義に批判的だった朝日新聞が満州事変を契機に社論をついに転換し、各紙はそろって翼賛体制に組み込まれるところとなっていった。既に大きなビジネスとして成功していた新聞業界は、単に紙面を通じて軍部主導の国民精神総動員に貢献するばかりでなく、例えば朝日新聞中部総局社屋の地下に軍需工場を設け新聞製作技術を転用し軍用機製造のためのベニヤの型紙を生産したり、東京本社でも講堂で特攻隊用の地図ばさみを製作したりするなど、直接軍需生産にさえ手を染め戦争協力するまでになっていった（朝日新聞「新聞と戦争」取材班『新聞と戦争』）。

朝日新聞などで自社の戦争責任を正面から追及するようになったのは比較的最近のことで、戦争協力の過去は、新聞メディアに未《いま》だに暗い影を残す問題である。

## 新聞メディアの過去と現在の交差

こうして、戦後から今日までに至る新聞報道と国家権力との関係の歴史的背景を考えると、依然として過去の遺産が重くのしかかっていることは否定できない。戦時中のもっとも言論統制が強かったときに完成された記者クラブ制度は今も「健在」であり、組織ジャーナリズムを根っこから腐らせていると言っても過言ではないかもしれない。

原寿雄は『ジャーナリズムの可能性』のなかで「記者クラブの最大の罪は、閉鎖性による情報独占だけではない。日本社会が論議すべき議題設定のイニシアチブを、官庁や政党、経済界などのニュース源が握り、世論誘導にメディアが動員されながらも、ジャーナリストの側がそのことに無自覚な点である」と指摘している。

発表ジャーナリズムとも呼ばれる、このように政治・経済権力に極めて従属的なメディアのありようは、ジャーナリズムの名に値しないと言わざるを得ないが、今日に至るまで新聞が「情報」の入手に関して国家権力に依存しつづけているとしたら、「国家に寄生する情報産業カルテル」の域を出ていないと断じなくてはならないだろう。

またこれに関連して、一見もっともらしく見える「不偏不党」という客観報道の建前にナイーブに依存して疑わない姿勢も問題が多いことを認識するべきである。

そもそも「不偏不党」が決定的な形で日本の新聞に広く奉じられることの端緒となったのは、米騒動をきっかけに大阪朝日新聞が内務省によって言論弾圧のターゲットとされた「白虹《はっこう》事件」であった。発行禁止すなわち廃刊処分が下されることを恐れた大阪朝日新聞経営陣は、企業存続を優先させ警察当局に全面的に屈服する道を選んだ。その際「紙面改善」を誓い掲げた編集綱領に「不偏不党の地に立ちて、公平無私の心を持し、正義人道に本きて、評論の穏健妥当、報道の確実敏速を期する事」という項目が入れられたのである。

このことについて、今西は前掲書にて「朝日新聞の全面屈服の証《あか》しは、編集綱領で定められた『不偏不党』だった。その意味するところは、『偏った政権批判』を今後行わないという恭順の誓いだった」と述べている。

実際のところ、戦後当初から1960年代までは戦争協力の反省からおおむね全新聞そろって国家権力の監視や批判を重視していたものが、70年代に産経新聞が国権主義に論調を転換させ、80年代に読売新聞がその後を追うところとなり、近年では朝日新聞の論調の迷走が目立つようになってきたが、強きにくみし、流れにおもねる商業主義メディアの実態を「不偏不党」の建前が覆い隠すのに使われていると言わざるを得ない。

## 安倍政権によるメディア介入

こうしてもともと、日本の新聞業界ひいてはメディア全体が抱えてきた歴史的かつ構造的な脆弱《ぜいじゃく》さが、２０１２年12月の衆議院選挙で安倍・自民党が政権復帰をすると、いよいよ白日のもとにさらされることになったのであった。

２０１３年７月に参議院選挙で自公連立与党が勝利すると、安倍政権は内閣法制局長官の首をすげ替えてまで、集団的自衛権行使容認へと進んでいった。政党システムの中でライバル野党が取るに足りないというような状況ができてしまうと、ついに、中立的あるいは政党システムの外にあるような制度にまで手を出してくるようになってしまったのだ。内閣法制局は従来、官僚制の自立性が高く、行政府の中にありながらも一定の独立性を持って、憲法の行政府における番人ということで機能していたのだが、戦後初めて、政治任用というような形で強権を使って長官を押し込んでしまった。

日本銀行の総裁でも同様なことが行われた。金融のグローバル化が大きく進展した1990年代に中央銀行の独立が国際的なスタンダードになっていったなかで、日銀においてもある種の独立性が保たれていたわけだが、黒田東彦《くろだはるひこ》は公約を出してキャンペーンをして総裁の座を射止めた。これは政治任用そのものだった。

内閣法制局、日本銀行をコントロールした次は、NHKに触手を伸ばし、その経営委員会に長谷川三千子《はせがわみちこ》や百田尚樹《ひゃくたなおき》を押し込み、ついには2014年1月には籾井勝人《もみいかつと》を会長に就任させたのであった。籾井は就任時の記者会見で「政府が『右』と言っているのに我々が『左』と言うわけにはいかない」などと言ってのけたにもかかわらず、結局3年もの任期をまっとうし、NHKの報道は政府の強い支配下におかれるところとなった。

NHKの次に標的となったのは、朝日新聞であった。2014年6月に政府は「河野談話作成過程の検証報告書」を出した。これには以下のような背景があった。

安倍は、かつて首相だった時に靖国に参拝できなかったこと、また河野談話や村山談話を見直すことができなかったことを非常に後悔していた。ところが、オバマ政権もそれを察知しており、安倍が首相に再度就任するや否や、カート・キャンベルを派遣してブリーフィングを行い、村山談話と河野談話を書き換えるようなことは絶対してはいけないと懇々と説いたほどであった。それぐらいオバマ政権は安倍の歴史修正主義的傾向を恐れていたのであった。

つまり、オバマに河野談話に手を出してはいけないと言われているので、安倍は止むを得ず、河野談話ができた過程を検証したということにして、いろいろと河野談話にケチをつけて、その信憑性《しんぴょう》、正当性を揺さぶろうと考えたのが、この作成過程の検証というものだった。

この検証の中で、日韓の両政府が事前に河野談話の字句や表現について交渉していたことが暴露された。日韓両政府で談話発表前にやりとりがあったこと自体はむしろ当たり前の話であり、驚くに値することではないが、それをことさらに暴き立てるという外交上のルール違反を安倍政権が犯したことに、韓国がまたさらに怒るということになった。

安倍はこの「暴露」によって、河野談話は外交的配慮を反映した政治的な文書であって、歴史的には正しくないということを言おうとしたわけだが、この検証報告書で同時に、吉《よし》田《だ》証言が虚偽であると言及することによって、朝日新聞に「いいかげん吉田証言に基づく記事を撤回して、謝罪しろ」という圧力をかける狙いもあったと見られる。

実際、2カ月後の8月に朝日新聞が吉田証言関連記事の取り消しを行った。言ってみれば、政権からの圧力についに屈服をしたということでもあるが、むろん、朝日自体がもっと早い段階で対処をしていれば、こうして安倍政権に付け込まれずに済んだ問題ではあった。

また産経新聞を含めて他のメディアも、吉田証言に基づいた記事はたくさん書いてきたことは、ここでも事実として確認しておく必要があり、そういう意味で、本来は朝日だけの問題ではないが、安倍らが敵視しているのが朝日だったということが決定的であった。

この頃から、元朝日新聞記者の植村隆《うえむらたかし》氏への、そして彼が非常勤講師のポストを得ていた北星学園大学への攻撃が激化していくということが起きた。植村さんは、吉田証言に依拠した記事は一つたりとも書いておらず、吉田証言とは何の関係もないにもかかわらず、保守反動勢力の標的にされたのであった。

## 「歴史戦」の海外展開

この頃から、このニュースが少しずつ海外へも流れていった。それまでは、安倍に関して言うと、アベノミクスあるいは集団的自衛権は、アメリカ側からはむしろ歓迎されており、それはイギリスやフランスといった国々も同じ態度であった。しかし、安倍は改革をしているんだ、彼はいいことをやっているんだと見ていた海外の世論も、こういうニュースが流れていく時期と一致して、もう少し懐疑的になっていった。

その9月に内閣を改造して、山谷えり子国家公安委員長、その時から稲田朋美が政調会長。そして高市早苗であるとか、あるいは山谷と並んで神道政治連盟推薦の議員である有《あり》村治子《むらはるこ》とか、そういった相当に右翼的な女性を登用し、それも閣僚や党幹部として処遇したのだった。

すると翌10月、NHKにおける「オレンジブック」の存在を、イギリスのタイムズ紙が記事にした。この「オレンジブック」というのは、NHKの国際放送におけるマニュアルで、日本語を英語に訳すときに、こういうふうに訳しなさいという、ある意味あって当たり前のマニュアルなのだが、その内容が極めて政府寄りの歴史観に基づいており、籾井会長が「政府が『右』と言っているのに我々が『左』と言うわけにはいかない」と言ったことが、そのまま現実になっていることを明らかにしたものだった。

例えば、尖閣諸島に関して、政府が認めていない「領土問題」に当たる英語を使ってはならず「外交問題」という言い方をしなさい、ということであったり、従軍慰安婦に関して、「sex slave」（性奴隷）という言葉は使ってはいけない、といった指導があったりすることが、タイムズ紙によってスクープされた。ちなみにタイムズ紙は、ルパート・マードックのメディア帝国の一角をなす、本来保守的な新聞であり、決して左派というわけではない。

さらに、山谷えり子が大臣就任後まもなく有楽町《ゆうらくちょう》の日本外国特派員協会において記者会見をしたとき、このイギリスのタイムズ紙の記者をはじめ他の記者から、在特会の元幹部との写真について、どういう関係があるのかという質問を次々と繰り出されて立ち往生してしまうということもあった。これ以降、自民党はなかば外国特派員協会での記者会見の要請をボイコットするような姿勢をとるようになっていった。

同じ頃、自民党では政調会長になった稲田朋美の下、中曽根弘文を委員長に「日本の名誉と信頼を回復するための特命委員会」を設置、さらに歴史問題を取り扱っていこうということになった。

11月頃より、海外における「歴史戦」とも言われる歴史修正主義キャンペーンが強化され、例えば、ニューヨークにあるアメリカの出版社マグロウヒル社に日本のニューヨーク総領事館の外交官が出向き、事実誤認や日本政府の立場と相いれない記述があると抗議、修正を要請したり、同様に、その章を執筆担当したハワイ大学の歴史学者にホノルルの総領事館の外交官が面会をしたいというメールを送ったら断られ、今度はオフィスアワーに勝手に乗り込んで行き、記述の削除を申し入れたりして、かえって大きな反発を買うというようなことが起きた。

また同じ頃に、読売新聞がかつての英字紙版（デイリー・ヨミウリ）において sex slave（性奴隷）という言葉を使っていたことを謝罪して撤回するという奇妙な記事が出たことがあった。これはいったい誰に何を謝っているのか。これは、政権と連携し、読売が先に謝罪することによって、朝日新聞に同じように「性奴隷という言葉を使って、国際的に誤解を広めたのは私たちです、すみません撤回します」と言わせようと圧力をかけているのであった。

実は、安倍内閣の安全保障政策のブレーンである北岡伸一氏が、読売グループの『中央公論』（２０１４年11月号）に「朝日問題から考える　鎖国思考を脱するとき　政府の向こうには世界がある」という短いエッセイを寄せて、「過去の誤った報道、あるいは誤った報道に基づく判断を正すため、朝日新聞には自ら是正の行動を起こしてほしい。韓国のメディアがおかしなことを言い出したら、抗議をしてほしい。スリランカのクマラスワミ氏のところへ行き、あなたが報告の元とした私たちの報道は間違っていましたと言ってほしい。あるいはクマラスワミ報告は行き過ぎであるという社説を書いてほしい」と主張していた。

安倍は政権復帰の際に、オバマ政権より河野談話を変えてはいけないと、きつく言い渡されており、いわば河野談話の代わりに国連クマラスワミ報告を槍玉《やりだま》に挙げる作戦を取っていた。このクマラスワミ報告は、慰安婦制度を「軍事性奴隷」制度であるという認識を明確に示しており、安倍政権はこのことを許しがたいものと捉《とら》え、このような「誤解」を広めたのは朝日新聞が悪い、と糾弾していたのである。

この時、上記のような指摘をした筆者（中野）のコメントが、同じ日にニューヨーク・タイムズとワシントン・ポストの両方の記事に掲載された。言うまでもなく、安倍政権がもっとも意識している新聞が、この二紙である。それは、ワシントンやニューヨークのエリートが目を通すからである。その二紙が同日に筆者のコメントを引いたことが、たいそう外務省の癪《しゃく》に障ったようで、思いがけず、外務省から名指しで誹謗《ひぼう》中傷されるということが起きた。

ワシントンの日本大使館の広報担当公使と外務省本省の報道官がそれぞれ別のメールでポストの記者に、中野など、どこのどいつかわからない人間ではなく、こちらの推薦する、信頼できるソースに聞くといい、というようなことを言ってよこしたのである。日本メディアと異なり、このような指図を受ける筋合いはない、と当の記者は激怒し、この一件は外国特派員の間で広く知られるところとなったばかりか、東京新聞と朝日新聞が取材し記事化した。

こうした外交官の動きの背後に、官邸から直接の指示があったのか、それとも外務官僚が政治家の意向を忖度《そんたく》してやったのかまではわからないが、はっきりしているのは、そのメールの証拠も含めて、外務省そのもの、外交官によって、そういうキャンペーンが行われたということである。

## 海外の研究者やジャーナリストからの反発

しかし、こうした「歴史戦」の海外展開の結果、逆に、海外の研究者やジャーナリストの批判を呼び込むことになった。アメリカを中心に、エズラ・ヴォーゲルのようなどちらかというと保守派・体制派の研究者も含めて、１８７名の学者らが日本の政府のやり方に対して日本の歴史家への連帯を表明する公開書簡を発表したのである。

また、２０１５年４月には、ドイツの保守系の新聞フランクフルター・アルゲマイネ紙の特派員が離任に際して、ナンバーワン新聞という日本外国特派員協会の機関紙に、自らが日本政府から受けた圧迫について赤裸々に明かしたことが反響を呼んだ。フランクフルト駐在の日本総領事がフランクフルター・アルゲマイネ紙の編集部に乗り込み、「中国からカネをもらっているんだろう、こんな記事を書くのはおかしい」と誹謗したという、およそ考えられないことさえあったというのである。

このドイツ人特派員とは筆者自身も面識があり、たまたま彼が離任する前に会ったとき、2人の外務官僚が米紙特派員にメールを送った件を話したら、彼も同様に、外務官僚から筆者（中野）は、取材するに値しないという中傷を聞かされていたことが判明した。

つまり、筆者は何らかのブラックリストに載せられていたか、少なくとも複数のジャーナリストに対してネガティブ・キャンペーンを張られていたか、ということであり、それほど歴史問題における修正主義批判に対して神経を尖《とが》らせ、政府として、なりふり構わず圧力をかけていたということである。しかも、そのやり口が非常に稚拙で、逆効果しかもたらさなかった、という惨めな実態があった。

しかし、言論の自由、報道の自由や学問の自由を抑圧しないと、歴史修正主義は成り立たない。なぜ成り立たないかというと、それは歴史修正主義が真実に対する挑戦、戦いだからである。歴史をねじ曲げて、事実と異なるように書き換えようとすると、報道機関や研究者が目障りでしょうがない。したがって、必然的に言論の自由を抑圧する「ポスト真実」の支配手法を用いらざるを得なくなるのである。

日本では、イギリスのEU離脱の国民投票やアメリカのトランプ大統領誕生のプロセスでにわかに「ポスト真実」という言葉がマスコミに取り上げられるようになったが、マスコミ攻撃を含む、そのような支配手法は、日本でも一足早く現実のものとなっていたのである。

こうして、「歴史戦」の海外キャンペーンにつまずいた安倍政権は、その後オバマ政権が続く間、アメリカの顔色を窺《うかが》いつつ許される範囲で歴史の書き換えを推進しようとした。アメリカなど海外では、慰安婦問題というのは女性の人権問題である、あるいは戦時性暴力、軍事性暴力の問題であるという捉え方が広く受け入れられている。同様に、歴史修正主義キャンペーンも、言論や学問の自由といった人権問題だと深刻に受け止められている。マスコミに対する統制あるいはジャーナリストに対する圧力といったものは、海外の記者や日本研究者などによって非常に懸念を持って受け止められているという状況があり、「歴史戦」は第3章で示したように、保守反動勢力が望むような成功を収めていない。

２０１５年10月に、筆者の大学での元同僚である自民党の猪口邦子《いのぐちくにこ》が、議員としての彼女の名義で、英文の歴史修正主義書籍を、日本をカバーしているジャーナリストあるいは日本研究をしている人たちに、広く送りつけるという珍事が起きた。一冊は、その名もずばり『歴史戦』という産経新聞社の荒唐無稽《むけい》な本の英訳版、そしてもう一冊は、呉善花《オソンファ》という人が書いた「嫌韓」本の類《たぐい》と言っていい書籍の英訳本だった。

筆者も最初は、さすがの猪口もそこまで壊れてはいないのではないかと思い、元同僚として一縷《いちる》の望みを繋いだが、モンタナ州立大学の文化人類学者である山口智美《やまぐちともみ》さんが直接彼女の事務所に電話したところ、本人が出てきて「送りました」と言って特に悪びれる様子もなく、「対外発信の一環として、様々な資料があって良いと考えて、英語になっているものも少ないのでこれらの書籍を送ったのだ、逆の立場、韓国の立場などは英語になっているから」と、よくわからない言い訳をしていたという。

（山口智美「猪口邦子議員からいきなり本が送られてきた――『歴史戦』と自民党の『対外発信』」https://synodos.jp/politics/15387）

猪口は軽率なところがあるが、いわゆる狂信的な右翼ではない。一応国際派というか、かつてはちょっとリベラルなイメージで売っていたということさえある。しかし、彼女は

2016年の夏、参議院選挙千葉選挙区で再選がかかっていた。そういう立場から、必死に政権与党中枢部に媚《こ》びていただけなのかもしれない。このみっともないエピソードが示すのは、日本会議のコアメンバーでなくても、今時はこれくらいのことをやってしまうほど同調圧力が強いということである。

逆に言えば、保守反動勢力がここまで主流化している今の自民党で、出世しよう、あるいは公認をもらおう、ちゃんと支援してもらおうとなると、これくらい忠誠心を誓わないと気が気でないということである。ハードコアの日本会議だけでなく、もっとふわっとした人間までご都合主義的に乗ってくることで、今の自民党が「沈黙の艦隊」のごとく安倍官邸支配を許しているのだ。

猪口の一件は、これはこれで多くの海外の人たちに衝撃を与えた。猪口は夫の孝《たかし》氏も政治学者で、二人ともアメリカで博士号を取っており、海外に知り合いが多い。そうすると、昔から彼らを知っている人たちからすると、彼女がここまでやるということは、日本は相当危ないと、逆にそういう恐ろしさがある。これが山谷とか稲田から送られてきたのならともかく、猪口邦子から送られてくることのある種の衝撃というのが、別の意味であったわけだ。

## 公共空間における言論の抑圧と萎縮

さらに同じ頃、ジュンク堂渋谷《しぶや》店でのフェアの中止と再開という事件があった。突如、「自由と民主主義のための必読書50」フェアが中止となり、のちに「今、民主主義について考える49冊」フェアとして再開されたが、取り上げた書籍の大幅な入れ替えがあり、筆者の『右傾化する日本政治』もこの時に外された本の一冊だった。その代わりに、北岡伸一の『日本政治史』や長谷川三千子の『民主主義とは何なのか』などが新たに取り上げられた。

さらに、産経新聞、そしてその翌日は読売新聞と二日連続で2015年11月に「放送法遵守を求める視聴者の会」という団体が一面広告を出し、『NEWS23』（TBS系）の岸《きし》井成格《いしげただ》氏を「偏向している」と攻撃した。その後、筆者もこの団体から数回、カラーのポスターのように大きく刷った広告を送付されている。体裁としては、「政治的に公平であること」を求める放送法に違反した「偏向報道」を批判したもので、筆者にも会への賛同を求める装いとなっているが、他にもこの会から同様に封書を受け取った研究者仲間を調べると、明らかに威圧の意図がある。ポスターの中心には「お前のことも見張っているぞ」と言いたげな目が2つあしらってある。

要は、政府に批判的なことをテレビで言ったり、新聞に載せたりしていると偏向していることになるという、そういうロジックなのだ。逆に政府広報のような番組がいくらあっても、それは偏向とは見なされず、彼らは放送法に違反しているとは言わない。しかし、比較的批判的なコメントをするコメンテーターが出るような数少ない番組に対して、監視と威嚇を強め、「こうやって攻撃していくから見ていろよ」と示威行為をしているわけだ。2016年3月には岸井さんのほか、『報道ステーション』(テレビ朝日系)の古舘伊知郎《ふるたちいちろう》と『クローズアップ現代』(NHK)の国谷裕子《くにやひろこ》キャスターも番組を降板となった。

こうした威嚇の手法を学校教育の現場で適用して見せたのが、2016年7月の参議院選挙間際に話題となった、自民党公式ホームページにおける「偏向教師」密告フォームである。魔女狩りのようなことを政権与党が仕掛けたことに驚くが、批判を受け、まもなく誤解があったというような言い訳をしてこのフォームを取り下げた。目的は達成したからである。教師が自ら萎縮《いしゅく》するようになることを狙っているわけだから、実際に密告を受け付けて対処する必要もない。

こうしたマスメディア、教育現場、そして公共空間における言論の自由の抑圧は、安倍政権が改憲に向けて舵《かじ》を切るなかで、いよいよ強化されていくことが確実である。なぜならば、その内容が何であれ改憲そのものが自己目的化した「悲願」である安倍・自民党にとって、ようやく発議がかなった改憲の国民投票は何が何でも勝たなくてはならないものであるからだ。

そのためには、自由な議論などあってはならない。イギリスのEU離脱国民投票が示したように、国民投票というのは思いもよらない結果が出かねないロシアン・ルーレットのような危険を伴う。確実に政権にとって思い通りの結果を出すためには、言論の萎縮が欠かせない。

（本章の一部は、「日本における国家権力と新聞メディア」『社会正義 紀要』２００９年28号に依拠）

# 第5章　国民を従えてアメリカに従うための安保法制

## 「非立憲」の安保法制

冷戦期の保革（保守と革新）の対立構図のなかでは、「改憲」対「護憲」という対立軸、つまり戦後できた日本国憲法を変えたい人たちと、それを護《まも》って育《はぐく》んでいきたい人たちが対立しており、しかも「改憲」対「護憲」の本質は、かなり最近になるまで9条に焦点を絞った論争であった。このため戦後長い間、「立憲」という言葉は忘れられていたと言える。

そもそも「立憲」は戦前それも明治期に広く使われていた言葉であり、「立憲」対「非立憲」のせめぎ合いが重要な対立軸となっていた。しかし戦後は、たとえ岸信介のような保守反動勢力であっても、さすがに立憲主義は受け入れて再スタートを図らざるを得ないようになったため、「立憲」概念そのものは多くの人に忘れられていったのである。

ところが、2012年12月に安倍が政権復帰を果たしたことを機に、にわかに「立憲」という言葉が前面に躍り出てきたのであった。「立憲」の土俵を壊し、その意味において「戦前」回帰を志向することを「戦後レジームからの脱却」というスローガンを掲げて表明した安倍の登場によって、再び多くの日本人が「立憲主義」という言葉を知るところとなっていったのである。憲法96条の改正によって憲法改正発議の条件緩和を図ることを安倍政権が検討した２０１３年の春頃から、まずは学者たちの間でこの言葉が目立って多用されはじめたのであった。

国家権力にタガをはめる仕組みをきちんと作るには、三権分立のようなチェック・アンド・バランスの制度規定とともに、どんな国家権力であれ決して侵すことができない基本的人権が不可欠である。それこそが立憲主義であり、それを文言に定めるのが憲法である以上、「押し付け」憲法で当たり前なのだ。仮に民主的なプロセスで選ばれていたとしても、国家権力は無制限に行使されるべきではなく、むしろ個人の権利や尊厳を護るために一定の制約を受けなくてはならない、というのが立憲主義である。憲法によってタガをはめるということ、これを正しく理解していれば、憲法は元来、国家権力に対する「押し付け」であって、人類が国家権力に押し付けているものが憲法であることは自明と言えるだろう。

日本では未《いま》だに「押し付け憲法論」が盛んに喧伝《けんでん》されるが、国家権力の側が「押し付けられた」と感じないようであれば、それはおよそ憲法とは呼べない。今日の自民党がこれを理解していないことは、自民党の改憲草案を見れば明らかである。国民に対して義務を課すことが主要な論点になっているようなものは、憲法の名に値しない。

ところが自民党はこのことを嫌悪し、そして正攻法では変えられないので、96条を変えようと言ったり、実際に解釈を変えてしまったりしている。小林節《こばやしせつ》氏はこれを「憲法泥棒」と喝破したが、まさに盗人のような卑劣な行為だと言わざるを得ない。

主要な目的の1つはもちろん、憲法9条の無効化である。

自衛隊を合憲だという従来の政府見解に立ったとしても、それは個別的自衛権に限定した話であり、その限りでは憲法のタガはまだかろうじてはまっており、憲法9条はギリギリのところでまだ意味を持っていた。日本は専守防衛しかできず、防衛的な装備しかできず、あるいは武器の輸出についても厳しい制限があり、憲法9条はボロボロになり、傷だらけになっていても、その理念に共鳴する人びとの思いに支えられ、曲がりなりにもその役割を果たしてきた。

しかし、個別的自衛権とは異なり、集団的自衛権の行使を容認してしまえば、9条は何も意味を持たなくなり、日本は一気にいわゆる「普通の国」となる。「普通の国」と平和憲法が両立するはずがない。いくら「積極的平和主義」などと平和主義の新形態のふりをしてもごまかし以外の何ものでもない。憲法9条が世界的に見ても先駆的な条項である以上、それが「普通」であるはずはないからである。

もちろん９条は、日本の戦争体験そして侵略の事実を踏まえた上での戦後日本の誓いでもある。これをないがしろにし、完全に空洞化してしまえば、それは憲法そのものを根幹から揺るがすことになる。さらに言えば、９条があるために日本国憲法には戦争という事態に対しての備えがない。要は、国のどこの機関が開戦を決めるのか、終戦や停戦を決めるのかなどについての規定がない。また、兵隊がいて合法的に人殺しができるのが戦争で、兵隊はそのような特別な存在であるから普通の刑事法で裁くわけにはいかないという問題が生じる。このため戦争をする国には「軍法会議」という特別な裁判所があるわけだが、日本国憲法には76条２項に「特別裁判所は、これを設置することができない」と、戦前のように軍法会議を置くことはできないことが明記されている。

つまり９条があることを大前提として成り立つ憲法であるために、これを壊して戦争をする国になると、何もその事態に備えるものがないとも言える。これこそがまさに憲法を壊すという意味での「壊憲」であり、もはや「壊憲」（非立憲）対「立憲」という構図へと移行してしまったなかで、「改憲」論議が展開されるようになってしまっているわけである。

また、日本はアメリカと同様、最高裁判所があるが憲法裁判所はない。ヨーロッパには、法律の合憲性・違憲性そのものについて判断する憲法裁判所を持つ国が多々あるが、日本の場合は、たとえば砂川《すながわ》判決のような具体的な事例があった場合に、その事例に即してのみ、法律などの合憲性・違憲性について判断を示すことになっている。

ただしこうした制度であると、事前に一定のチェックがなければ、違憲の疑いが強い法律が無責任に作られ、あとは裁判で争え、などということになりかねない。それでは法の安定性が確保できないので、内閣法制局が事前に合憲性・違憲性を一定程度チェックする役割を果たしてきたのである。安倍政権は、内閣法制局長官に戦後初めて外務官僚（集団的自衛権行使容認論者として知られた小《こ》松《まつ》一郎《いちろう》氏）を政治任用のかたちで押し込み、この仕組みを壊してしまった。さらに、総理の私的懇談会として「安保法制懇（安全保障の法的基盤の再構築に関する懇談会）」をつくり、しかも集団的自衛権行使容認派のみを任命し、そこでの議論を下敷きに２０１４年７月１日閣議決定によって解釈改憲を強行した。

しかし「限定的な集団的自衛権の行使は認められる」という新解釈に基づき、安保法制が国会で審議されているさなかの２０１５年６月４日、衆議院で開かれていた憲法審査会に与党参考人として呼ばれていた長谷部《はせべ》恭男《やすお》氏が安保法制は違憲であると明言し、同様に改憲派として知られる小林節氏、そして維新の推薦を受けた笹田《ささだ》栄司《えいじ》氏も含めて、国会に呼ばれた権威ある憲法学者が３名とも揃って安保法制が違憲であることを指摘するという、前代未聞の事態が起き、国会前の抗議行動はふくれあがり、憲法学者の90パーセント以上が違憲と指摘する調査結果なども明らかにされた。

最終的には、こうした反対の高まりにもかかわらず、安倍政権は安保法制を強行してしまった。しかし未だに違憲立法であるとの認識が広く共有されており、これに不満を持つ安倍は「自衛隊を憲法に明記」といういわゆる「９条３項加憲」によって集団的自衛権を行使する自衛隊の正当化を目論《もくろ》んでいるわけである。

## 民主主義から見た安保法制

むろん問題はこれにとどまらない。２０１５年４月、安倍は訪米時に「日本はいま、安保法制の充実に取り組んでいます。実現のあかつき、日本は危機の程度に応じ、切れ目のない対応が、はるかによくできるようになります」と連邦議会で演説をしたのであった（章末資料参照）。このとき法案は、まだ国会審議が始まるどころか閣議決定さえされていなかったのだが、アメリカに対して日本は「積極的平和主義」に基づき今後はどんどん自衛隊が外へ行って活躍するようになる、と言ってしまったわけである。

ところで「切れ目のない対応」とは聞きなれない奇妙な日本語である。それもそのはず、英語の「seamless」(文字通り、継ぎ目のない)という表現を日本語に訳したものだからである。「押し付け憲法」だから日本国憲法は翻訳調で変な日本語だと貶《おとし》める側が、実は安全保障について用いる言葉がアメリカの言葉を日本語に訳したものであるのは、それこそ「押し付けられた改憲」であることを示すものと言えるだろう。

少し考えればわかることだが、憲法9条がある以上「切れ目のない対応」などできるわけがない。憲法9条が戦争や戦力の保持を放棄しているのだから、どこかに「切れ目」がなければおかしい。しかし安倍はこのスピーチのなかで、続けて「この法整備によって、自衛隊と米軍の協力関係は強化され、日米同盟は、より一層堅固になります」と言い、そして最後に、「戦後、初めての大改革です。この夏までに、成就させます」と、国会審議が始まってさえいないにもかかわらず、勝手にアメリカに約束してきてしまったのであった。

同じ米議会での演説で安倍はTPPについても、読めば赤面するほどにアメリカに対して媚《こ》びたことを述べている。要約すれば「自分は若い時愚かで、農業の自由化に反対していました。しかし過ちに気づいて悔い改めて、今はTPPを進めています」という内容である。これをアメリカ人が気に入るのは当然で、このスピーチはウケがよかった。なかなかここまで卑屈になれるものではないが、これが安倍の対米態度であることは、その後トランプ政権が誕生した後にさらに鮮明に世界に晒《さら》されることになる。

アメリカの保守派、共和党の右派に、キリスト教原理主義の「Born Again Christian」（つまり「生まれ変わったキリスト教徒」）と呼ばれ、「若い時には、酒に溺《おぼ》れるだの、ギャンブルをやるだの、いろいろ悪さをした。しかし、神が私を見つけてくれて、神の道を歩むようになって私はこんなに立派になった」と、今度は他人に道徳訓を垂れることを好む連中がいる。ジョージ・W・ブッシュが一つの典型とも言える（有り体に言えば、日本のヤンキーが保守政治家になって偉そうにしているのとあまり変わらないが）。

安倍の議会演説は、これに意図的に倣ったものであろう。「自分は若い時おバカで、誤って農業の保護をしようとしていた」と。しかも、ここで神になぞらえているのはアメリカである。「アメリカが見出《みいだ》してくれて悔い改めて、今はアメリカのためにせっせとＴＰＰを推進しています」と、これをアメリカで言っているのだから、アメリカのとりわけ保守派にこれが受けないはずがないお追従である。

さらにこのスピーチで安倍は、法の支配、人権そして自由を尊ぶ価値観をアメリカとともにしているとも言っている。立憲主義、日本の法の支配をこれだけ壊しておいて、アメリカとともに中国に法の支配を教えてやるなどという話をしていたのだから呆《あき》れるほかない。

いずれにしても、こうして国会や国民を置き去りにしたまま、どんどんアメリカに対する既成事実の積み上げだけが先行した。のちにリークされた防衛省の内部文書によると、国会審議が終わる前から、自衛隊の統幕幹部が安保法制成立を前提として、自衛隊と米軍が一緒になって、いわゆる制服組が日米共同の意思決定システムに関わるといった話まで進めていたのである。憲法も民主的なプロセスも無視し、アメリカの日本政策関係者と共謀しながら、憲法がそもそも許さないことを、ごく一部の人たちが勝手に決めていくシステムを作り上げてしまったのである。

また、安保法制成立までの過程では、地方公聴会を経なければならないはずであるにもかかわらず、その報告を受けていないのに強行採決（いわゆるかまくら採決）をしてしまい、後になって議事録を改ざんした。日本学術会議前会長である法学者、広渡清吾《ひろわたりせいご》氏が「法学者として、これはもう捏造《ねつぞう》としか言えない」と指摘されたほどである。

議事録になかった事実を、都合が悪いからと後になって勝手に書き加える。そういうことをして強行採決を行い、いつの間にか成立したことにしてしまった。さらにこの安保法制は、その前にできた国家安全保障会議や特定秘密保護法といったものとセットで使われる。さらには共謀罪が追加された。これらが集団的自衛権と混ざると、「混ぜるな危険」と言われるほどに、とてつもなく危険である。

これによって、一部の閣僚、官僚と自衛隊の幹部しか入らない国家安全保障会議の中で、自衛隊が米軍からもらった情報が共有され、特定秘密保護法で国民から隠して、重大な安全保障の政策が決められるようになった。そもそも憲法で禁じられてできなかったことを、ごく一部の人たちが勝手に、できるように制度を変えてしまったのである。

憲法学者の樋口陽一《ひぐちよういち》氏が指摘されたように、自民党の憲法改正草案は実は明治憲法よりひどい。明治憲法は、今から見るといろいろ欠陥があるが、当時の憲法学における立憲主義の流れのなか、それを学んで作ったものであった。人類が、民主的制度の欠陥が生んだファシズムや緊急事態条項の乱用、社会権の必要などさまざまなことを経験して反省していくなかで、どうやって国家権力にタガをはめるか、各国は学び合ってきた。憲法学における立憲主義とは、人類が勝ち取ってきた普遍的な歩みである。

その流れから言うと、当時の明治の憲法は、それなりに努力して作ったものだった。もちろん穴があったからこそ、いろいろ問題が起きてしまった。そのことに学んで、今の日本国憲法がある。しかしそれを自民党は、解釈改憲という形で壊してしまった。東京大学法学部教授の石川健治《いしかわけんじ》氏が「これはクーデターだ」と発信するような事態が生じてしまったのである。そしてそのことを事後的に「合憲化」しようとばかりに明文改憲を仕掛けてきている。

## 対米追随の復古的国家主義という虚妄

それにしても安倍政権の強権ぶりというものはどう捉《とら》えたらよいのか。拙著『右傾化する日本政治』においても、第二次安倍政権で突然、政治の右傾化が始まったわけではなく、時間的な経緯があり、ある程度長いプロセスの結果ここまで来てしまったということを自分なりに分析したが、安倍政治の独特のその気持ち悪さ、嫌な感じというのはいったい何なのか。

新自由主義と復古的な国家主義によって強い国家に権力を集中していく、「新右派連合」とも呼ばれるべき組み合わせは、中曽根康弘から、一時期の小沢一郎、橋本龍太郎、あるいは小泉純一郎というように連綿とつづいたわけだが、そのなかでも極端な様相を見せている安倍政治というのはいったい何なのか。一時期、2015年夏の国会前での抗議などで、「感じ悪いよね」というようなコールの言葉で皆がなんとなくわかるものというのは何なのか。その独特の感じの悪さがある。

アメリカでもまた、ドナルド・トランプが大統領になってしまった。まだそこまでムスリムの人たちへの差別を露骨にしなかったブッシュが懐かしくなってしまうほど、落ちるところまで落ちた感が否めない。日本でも同じようにどんどん政治家のレベルが低下し、笑い事ではないぐらいの悪辣《あくらつ》さというものが増してきた。

ここまでやるかというようなそのやり口、あるいは憲法違反がどんどん日常化していくなかで、2016年秋にも議員らの要請があったにもかかわらず憲法の規定をやぶって臨時国会を開かないということを平然とやってのけた。2017年にも野党側の憲法規定に則《のっと》った国会開会要求を無視しつづけたあげく、3カ月あまり経ってようやく開いたかと思ったら、いっさい議論のないままの冒頭解散のためであった。

政治の中身がひどいだけではなく、手法もまたことさらに強権的なのだ。これはもちろん安倍首相だけではなくて、菅官房長官の例の「粛々と」とか「問題ない」とか「適切に対応している」など、「菅（スガ）語」と言われるような答えになっていない答えで次々と記者会見を終わらせていってしまうということにも表れている。

国内的にはそういう強権的なやり方を徹底する一方で、安倍政権がなりふり構わず進めるような政策課題は、ほとんどすべてアメリカに媚びへつらうこととセットになっている。集団的自衛権・TPP・辺野古《へのこ》移設問題あたりが典型的な例だが、他にも、イギリス・韓国・オーストラリアといった、アメリカに対する「忠誠度」を日本と争っているような国々が、自国の利益だと判断してAIIB（アジアインフラ投資銀行）に加入していくなかで、日本だけが忠実に最後まで加入せずに止《とど》まっているほどである。

「対米追随」ということで言えば、先にも少し触れたように、自称・愛国者の安倍首相の当選後のトランプへの媚びへつらい方は世界的な注目を集めたほどの露骨なものだった。ある意味、トランプと自分の共鳴する点を即座に見破ったということだったのかもしれない。自分が媚びへつらわれると嬉《うれ》しいのと同じように、自らトランプに全力で取り入ったようにも見えた。

要は、強きにへつらって、弱きというか、「こんな人たち」や沖縄県民であるとか、メディアであるとか、あるいは「慰安婦」の方であるとか、そういう人たちに対しては、非常に強圧的な姿勢に出てくる、そういう政治のあり方である。これが実はある意味、日本の保守反動の非常に「由緒正しい」政治のやり方であることは第1章で論じた。

しかし「対米追随の復古的国家主義者」という安倍のありようは、戦後の保守政治が抱えてきた矛盾というものが、かなり限界に近いところまで来ていることをよく示しているとも言える。

党首討論で「ポツダム宣言は詳《つまび》らかには読んでいないからわからない」と言い、東京裁判もちょっと調べたほうがいいんじゃないかというようなことをやっている安倍政権が、いったい何のために集団的自衛権の行使を容認し、何をしたいのかというと、実はあまり考えがない。例えば、安倍が軍国主義を復活させようとしているとか、中国を侵略しようとしているとか、そこまで考えているかというと、おそらく考えていない。ある意味、もっと悲しいことだが、あまり何をしたいのか正直よくわかっていないと思われる。

安倍はかつて9条で戦争放棄と戦力不保持を掲げていることをもって、日本が「禁治産者」にされていると喩《たと》えて言ったが、集団的自衛権の行使を憲法によって禁じられている、という状態が、どうもなにか、欲しいおもちゃが手に入らない子どものように悔しく、屈辱的だと思っているらしい。しかし、それを手に入れて何をしたいのかというと、正直そこまではよくわかっていない。

復古的な国家主義であれば、皇国日本つまり天皇制こそピラミッドの頂点に君臨するはずなのが、なぜか必死にアメリカに媚びへつらっている矛盾が、そこに出てきているのである。

連邦議会や国会の答弁などでも、いきなり集団的自衛権の行使容認をして「国際協調主義」に基づく「積極的平和主義」で……と安倍本人もよく訳がわかっていないことを言い出して、それで何をするかといったら、南シナ海などで自由と民主主義と人権の価値を護らせに行くと言う。自分がアメリカに服従しているように、刃向かう者を同じように「服従させたい」というところにポイントがあって、その力を手にしたいのだけれども、結局、なぜ誰を何に服従させたいのかというと、よくわからないことになっている。

復古的な国家主義者として、先の大戦を自存自衛のため、あるいはアジアの人民を西洋帝国主義から解放させるための戦争だったと美化したかったのに、現代においては、アメリカの戦争はすべて自由と民主主義を護るための戦争で、日本はそのお先棒を担がなくてはいけないと、そもそも自由や民主主義なんてちっとも信じていないのに、いきなりアメリカに同化していってしまう意味不明さがそこにある。

この矛盾というか根本的な混迷が、アメリカでトランプ大統領が誕生したことによって、さらに深まったと同時に開き直る契機を与えることになった。

これまでは、自由や民主主義、基本的人権、法の支配を世界に広めるために、アメリカとともに軍事的な貢献をするんだ、といきがっていたのが、オバマからトランプに政権が移行して、アメリカが自由民主主義、立憲主義、人権理念の旗手だなんて、トランプも含めて誰も思わなくなった。何しろ「アメリカ・ファースト」であるから「国際協調主義」と正反対の思想である。安倍がせっかく無理をして口裏を合わせていたのに、ハシゴを外されたような格好になったわけである。

非立憲的な集団的自衛権の行使容認を強行してきた前提が、「正義の味方」アメリカに従うため、だったわけだが、トランプの就任でそんな建前が完全に吹き飛んでしまって、ただ単にアメリカに何が何でも従うという、大義名分も何もない哀れで極めて危険な状況に今、日本はある。ある意味、最悪のタイミングで日本は集団的自衛権の行使容認を強行してしまったとも言える。

しかし「アメリカ・ファースト」の４年以上前から「日本を、取り戻す。」と主張してきた安倍である。トランプとともに何の大義名分もない自国中心主義とその虎の威を借りようとする浅ましい蜜月《みつげつ》関係が日米両国、東アジア、そして世界を危険にさらす可能性が高まってしまっている。

**【資料：平成27年4月29日　米国連邦議会上下両院合同会議における安倍内閣総理大臣演説】**

議長、副大統領、上院議員、下院議員の皆様、ゲストと、すべての皆様、1957年6月、日本の総理大臣としてこの演台に立った私の祖父、岸信介は、次のように述べて演説を始めました。

「日本が、世界の自由主義国と提携しているのも、民主主義の原則と理想を確信しているからであります」。

以来58年、このたびは上下両院合同会議に日本国総理として初めてお話する機会を与えられましたことを、光栄に存じます。お招きに、感謝申し上げます。

申し上げたいことはたくさんあります。でも、「フィリバスター」をする意図、能力とともに、ありません。

皆様を前にして胸中を去来しますのは、日本が大使としてお迎えした偉大な議会人のお名前です。

マイク・マンスフィールド、ウォルター・モンデール、トム・フォーリー、そしてハワード・ベイカー。

民主主義の輝くチャンピオンを大使として送って下さいましたことを、日本国民を代表して、感謝申し上げます。

キャロライン・ケネディ大使も、米国民主主義の伝統を体現する方です。大使の活躍に、感謝申し上げます。

私ども、残念に思いますのは、ダニエル・イノウエ上院議員がこの場においでにならないことです。日系アメリカ人の栄誉とその達成を、一身に象徴された方でした。

私個人とアメリカとの出会いは、カリフォルニアで過ごした学生時代にさかのぼります。家に住まわせてくれたのは、キャサリン・デル－フランシア夫人。寡婦でした。亡くした夫のことを、いつもこう言いました、「ゲイリー・クーパーより男前だったのよ」と。心から信じていたようです。

ギャラリーに、私の妻、昭恵がいます。彼女が日頃、私のことをどう言っているのかはあえて聞かないことにします。

デルーフランシア夫人のイタリア料理は、世界一。彼女の明るさと親切は、たくさんの人をひきつけました。その人たちがなんと多様なこと。「アメリカは、すごい国だ」。驚いたものです。

のち、鉄鋼メーカーに就職した私は、ニューヨーク勤務の機会を与えられました。上下関係にとらわれない実力主義。地位や長幼の差に関わりなく意見を戦わせ、正しい見方なら躊躇《ちゅうちょ》なく採用する。

この文化に毒されたのか、やがて政治家になったら、先輩大物議員たちに、アベは生意気だと随分言われました。

私の苗字《みょうじ》ですが、「エイブ」ではありません。アメリカの方に時たまそう呼ばれると、悪い気はしません。民主政治の基礎を、日本人は、近代化を始めてこのかた、ゲティスバーグ演説の有名な一節に求めてきたからです。

農民大工の息子が大統領になれる、そういう国があることは、19世紀後半の日本を、民主主義に開眼させました。

日本にとって、アメリカとの出会いとは、すなわち民主主義との遭遇でした。出会いは150年以上前にさかのぼり、年季を経ています。

先刻私は、第二次大戦メモリアルを訪れました。神殿を思わせる、静謐《せいひつ》な場所でした。耳朶《じだ》を打つのは、噴水の、水の砕ける音ばかり。

一角にフリーダム・ウォールというものがあって、壁面には金色の、4000個を超す星が埋め込まれている。

その星一つ、ひとつが、斃《たお》れた兵士100人分の命を表すと聞いたとき、私を戦慄《せんりつ》が襲いました。

金色《こんじき》の星は、自由を守った代償として、誇りのシンボルに違いありません。しかしそこには、さもなければ幸福な人生を送っただろうアメリカの若者の、痛み、悲しみが宿っている。家族への愛も。

真珠湾、バターン・コレヒドール、珊瑚海《さんごかい》、メモリアルに刻まれた戦場の名が心をよぎり、私はアメリカの若者の、失われた夢、未来を思いました。

歴史とは実に取り返しのつかない、苛烈《かれつ》なものです。私は深い悔悟を胸に、しばしその場に立って、黙禱《もくとう》を捧《ささ》げました。

親愛なる、友人の皆さん、日本国と、日本国民を代表し、先の戦争に斃れた米国の人々の魂に、深い一礼を捧げます。とこしえの、哀悼を捧げます。


みなさま、いまギャラリーに、ローレンス・スノーデン海兵隊中将がお座りです。70年前の2月、23歳の海兵隊大尉として中隊を率い、硫黄島《いおうとう》に上陸した方です。

近年、中将は、硫黄島で開く日米合同の慰霊祭にしばしば参加してこられました。こう、仰《おつしや》っています。

「硫黄島には、勝利を祝うため行ったのではない、行っているのでもない。その厳かなる目的は、双方の戦死者を追悼し、栄誉を称《たた》えることだ」。

もうおひとかた、中将の隣にいるのは、新藤義孝《しんどうよしたか》国会議員。かつて私の内閣で閣僚を務めた方ですが、この方のお祖父さんこそ、勇猛がいまに伝わる栗林忠道《くりばやしただみち》大将・硫黄島守備隊司令官でした。

これを歴史の奇跡と呼ばずして、何をそう呼ぶべきでしょう。

熾烈《しれつ》に戦い合った敵は、心の紐帯《ちゅうたい》が結ぶ友になりました。スノーデン中将、和解の努力を尊く思います。ほんとうに、ありがとうございました。

戦後の日本は、先の大戦に対する痛切な反省を胸に、歩みを刻みました。自らの行いが、アジア諸国民に苦しみを与えた事実から目をそむけてはならない。これらの点についての思いは、歴代総理と全く変わるものではありません。

アジアの発展にどこまでも寄与し、地域の平和と、繁栄のため、力を惜しんではならない。自らに言い聞かせ、歩んできました。この歩みを、私は、誇りに思います。

焦土と化した日本に、子ども達の飲むミルク、身につけるセーターが、毎月毎月、米国の市民から届きました。山羊《やぎ》も、２０３６頭、やってきました。

米国が自らの市場を開け放ち、世界経済に自由を求めて育てた戦後経済システムによって、最も早くから、最大の便益を得たのは、日本です。

下って１９８０年代以降、韓国が、台湾が、ＡＳＥＡＮ諸国が、やがて中国が勃興《ぼっこう》します。今度は日本も、資本と、技術を献身的に注ぎ、彼らの成長を支えました。一方米国で、日本は外国勢として２位、英国に次ぐ数の雇用を作り出しました。

こうして米国が、次いで日本が育てたものは、繁栄です。そして繁栄こそは、平和の苗床です。

日本と米国がリードし、生い立ちの異なるアジア太平洋諸国に、いかなる国の恣意《しい》的な思惑にも左右されない、フェアで、ダイナミックで、持続可能な市場をつくりあげなければなりません。

太平洋の市場では、知的財産がフリーライドされてはなりません。過酷な労働や、環境への負荷も見逃すわけにはいかない。

許さずしてこそ、自由、民主主義、法の支配、私たちが奉じる共通の価値を、世界に広め、根づかせていくことができます。

その営為こそが、TPPにほかなりません。

しかもTPPには、単なる経済的利益を超えた、長期的な、安全保障上の大きな意義があることを、忘れてはなりません。

経済規模で、世界の4割、貿易量で、世界の3分の1を占める一円に、私達の子や、孫のために、永続的な「平和と繁栄の地域」をつくりあげていかなければなりません。

日米間の交渉は、出口がすぐそこに見えています。米国と、日本のリーダーシップで、

ＴＰＰを一緒に成し遂げましょう。

実は、いまだから言えることがあります。

20年以上前、ＧＡＴＴ農業分野交渉の頃です。血気盛んな若手議員だった私は、農業の開放に反対の立場をとり、農家の代表と一緒に、国会前で抗議活動をしました。

ところがこの20年、日本の農業は衰えました。農民の平均年齢は10歳上がり、いまや66歳を超えました。

日本の農業は、岐路にある。生き残るには、いま、変わらなければなりません。

私たちは、長年続いた農業政策の大改革に立ち向かっています。60年も変わらずにきた農業協同組合の仕組みを、抜本的に改めます。

世界標準に則って、コーポレート・ガバナンスを強めました。医療・エネルギーなどの分野で、岩盤のように固い規制を、私自身が槍《やり》の穂先となりこじあけてきました。

人口減少を反転させるには、何でもやるつもりです。女性に力をつけ、もっと活躍してもらうため、古くからの慣習を改めようとしています。

日本はいま、「クォンタム・リープ（量子的飛躍）」のさなかにあります。

親愛なる、上院、下院議員の皆様、どうぞ、日本へ来て、改革の精神と速度を取り戻した新しい日本を見てください。

日本は、どんな改革からも逃げません。ただ前だけを見て構造改革を進める。この道のほか、道なし。確信しています。

親愛なる、同僚の皆様、戦後世界の平和と安全は、アメリカのリーダーシップなくして、ありえませんでした。

省みて私が心から良かったと思うのは、かつての日本が、明確な道を選んだことです。その道こそは、冒頭、祖父の言葉にあったとおり、米国と組み、西側世界の一員となる選択にほかなりませんでした。

日本は、米国、そして志を共にする民主主義諸国とともに、最後には冷戦に勝利しました。

この道が、日本を成長させ、繁栄させました。そして今も、この道しかありません。

私たちは、アジア太平洋地域の平和と安全のため、米国の「リバランス」を支持します。

徹頭徹尾支持するということを、ここに明言します。

日本は豪州、インドと、戦略的な関係を深めました。ASEANの国々や韓国と、多面にわたる協力を深めていきます。

日米同盟を基軸とし、これらの仲間が加わると、私たちの地域は格段に安定します。

日本は、将来における戦略的拠点の一つとして期待されるグアム基地整備事業に、28億ドルまで資金協力を実施します。

アジアの海について、私がいう3つの原則をここで強調させてください。

第一に、国家が何か主張をするときは、国際法にもとづいてなすこと。第二に、武力や威嚇は、自己の主張のため用いないこと。そして第三に、紛争の解決は、あくまで平和的手段によること。

太平洋から、インド洋にかけての広い海を、自由で、法の支配が貫徹する平和の海にしなければなりません。

そのためにこそ、日米同盟を強くしなくてはなりません。私達には、その責任がありま す。

日本はいま、安保法制の充実に取り組んでいます。実現のあかつき、日本は、危機の程度に応じ、切れ目のない対応が、はるかによくできるようになります。

この法整備によって、自衛隊と米軍の協力関係は強化され、日米同盟は、より一層堅固になります。それは地域の平和のため、確かな抑止力をもたらすでしょう。

戦後、初めての大改革です。この夏までに、成就させます。

ここで皆様にご報告したいことがあります。一昨日、ケリー国務長官、カーター国防長官は、私たちの岸田外相、中谷《なかたに》防衛相と会って、協議をしました。

いま申し上げた法整備を前提として、日米がそのもてる力をよく合わせられるようにする仕組みができました。一層確実な平和を築くのに必要な枠組みです。

それこそが、日米防衛協力の新しいガイドラインにほかなりません。昨日、オバマ大統領と私は、その意義について、互いに認め合いました。皆様、私たちは、真に歴史的な文書に、合意をしたのです。


1990年代初め、日本の自衛隊は、ペルシャ湾で機雷の掃海に当たりました。後、インド洋では、テロリストや武器の流れを断つ洋上作戦を、10年にわたって支援しました。

その間、5万人にのぼる自衛隊員が、人道支援や平和維持活動に従事しました。カンボジア、ゴラン高原、イラク、ハイチや南スーダンといった国や、地域においてです。

　これら実績をもとに、日本は、世界の平和と安定のため、これまで以上に責任を果たしていく。そう決意しています。そのために必要な法案の成立を、この夏までに、必ず実現します。

　国家安全保障に加え、人間の安全保障を確かにしなくてはならないというのが、日本の不動の信念です。

　人間一人ひとりに、教育の機会を保障し、医療を提供し、自立する機会を与えなければなりません。紛争下、常に傷ついたのは、女性でした。わたしたちの時代にこそ、女性の人権が侵されない世の中を実現しなくてはいけません。

　自衛隊員が積み重ねてきた実績と、援助関係者たちがたゆまず続けた努力と、その両方の蓄積は、いまやわたしたちに、新しい自己像を与えてくれました。

　いまや私たちが掲げるバナーは、「国際協調主義にもとづく、積極的平和主義」という旗です。

　繰り返しましょう、「国際協調主義にもとづく、積極的平和主義」こそは、日本の将来を導く旗印となります。

テロリズム、感染症、自然災害や、気候変動。日米同盟は、これら新たな問題に対し、ともに立ち向かう時代を迎えました。

日米同盟は、米国史全体の、4分の1以上に及ぶ期間続いた堅牢《けんろう》さを備え、深い信頼と、友情に結ばれた同盟です。

自由世界第一、第二の民主主義大国を結ぶ同盟に、この先とも、新たな理由付けは全く無用です。それは常に、法の支配、人権、そして自由を尊ぶ、価値観を共にする結びつきです。


まだ高校生だったとき、ラジオから流れてきたキャロル・キングの曲に、私は心を揺さぶられました。

「落ち込んだ時、困った時、目を閉じて、私を思って。私は行く。あなたのもとに。たとえそれが、あなたにとっていちばん暗い、そんな夜でも、明るくするために」。

2011年3月11日、日本に、いちばん暗い夜がきました。日本の東北地方を、地震と津波、原発の事故が襲ったのです。

そして、そのときでした。米軍は、未曾有《みぞう》の規模で救難作戦を展開してくれました。本当にたくさんの米国人の皆さんが、東北の子供たちに、支援の手を差し伸べてくれました。

私たちには、トモダチがいました。

被災した人々と、一緒に涙を流してくれた。そしてなにものにもかえられない、大切なものを与えてくれた。

希望、です。

米国が世界に与える最良の資産、それは、昔も、今も、将来も、希望であった、希望である、希望でなくてはなりません。

米国国民を代表する皆様。私たちの同盟を、「希望の同盟」と呼びましょう。アメリカと日本、力を合わせ、世界をもっとはるかに良い場所にしていこうではありませんか。

希望の同盟。一緒でなら、きっとできます。

ありがとうございました。

# 第6章　アンチ・リベラリズムの時代に

## トランプの衝撃

２０１６年11月8日に行われたアメリカ大統領選挙の本選の結果、共和党のドナルド・トランプ候補が大統領に選出された。事前の調査や予測はことごとく、ファースト・レディー、上院議員、国務長官と長年ワシントンの表舞台で経験を積んできた民主党のヒラリー・クリントン候補の勝利を告げていたのにもかかわらず、大番狂わせの結果となった。

アメリカ建国以来トランプのように軍や公職での経験を持たない「政治の素人」が大統領になったことはなく、常軌を逸したレイシズム（人種差別）やミソジニー（女性憎悪）の言動が知れわたっていたトランプが、よもや当選することはないだろうと多くの人びとが思い込んでいただけに、その衝撃は大きく、今でもなお余震がつづいているような状態と言える。アメリカ内外で、アメリカそして自由民主主義そのものに幻滅したとの声さえ聞かれる。

では、「アメリカがトランプを選んだ」ということなのかというと、現実には、有権者票でクリントンが３００万票近くもトランプにまさっていたことが明らかになっている訳で、そうとは言えないのが現実である。つまり州ごとに有権者票でトップにきた候補が割り振られた選挙人団票を総取りし（メイン州とネブラスカ州を除く）、その合計で勝敗を決めるという特異な制度がトランプ大統領を誕生させたのであり、有権者による直接投票ならばクリントンが当選していたはずだったのだ。

実際、驚異的なことに、クリントンはトランプだけでなく、オバマを除く歴代の大統領候補すべてを上回る得票数を記録しており、これは言い方を変えると、クリントンがこれまでのどの白人男性候補よりも多くの支持を集めたということになる。

つまり現実には、「アメリカがトランプを選んだ」ということではなく、アメリカ人の過半数はおろか、相対多数がトランプに投票したわけでさえない。近年の日本の国政選挙と同様に、アメリカ大統領選挙における投票率も50パーセント程度で低迷することが多く、今回も55パーセントであったことから、実際には登録有権者の4分の1程度がトランプに投票した計算となる。おおよそ4人に1人がトランプを支持したことが、特異な選挙制度の作用によって、初の女性大統領の代わりに、自由民主主義的な価値を真っ向から否定するようなアメリカ大統領を誕生させるという、大きな歴史の分かれ目をもたらしたことになる。

## 勝敗の分かれ目はどこにあったのか

たびたび「敵が多く」「好感度が低い」候補と言われていたクリントンが、実際には歴史的な高得票を記録したのは、カリフォルニア州やニューヨーク州などの人口の多い州で圧倒的な勝利を（選挙人団制度を考えると「ムダに」）得たことが要因となっている。

それに対してトランプは、過去2回オバマが勝ったオハイオ州やアイオワ州を制したことに加えて、つまるところペンシルバニア州、ウィスコンシン州、ミシガン州の3つの「ラスト・ベルト」（「さびついた工業地帯」）州を合計で8万票に足らない僅差《きんさ》で民主党から奪い取ったことで、言わば「効率よく」選挙人団の票数で勝利を収めたと言える。

では、これらの超接戦州で何が勝敗を分けたのか。

実は出口調査データは、投票行動を社会的属性にしたがって分析する目的で集められているわけではないため、正確なことはなかなかわからないが、貧富の差そのものよりも人種の違いがトランプへの投票を説明する要因として有力と見られること、言い換えれば、労働者や貧困層に属するかよりも白人であることのほうがトランプへの投票に密接に結びついたと指摘されている。

さらには、こうした中西部のラスト・ベルトの白人票の動向について、過去2回オバマに投票したにもかかわらず今回クリントンから離反した労働者層を含む白人有権者は、トランプ支持に回ったよりもはるかに高い割合で、棄権ないし他候補（いわゆる第三政党からの候補者）への投票に繋《つな》がったという分析も提示されている。

つまり、これまでの分析で見えてきていることは、グローバル経済のあおりを受けたラスト・ベルトの白人労働者層が、ウォール街に近すぎると見られたクリントンに対して反乱を起こし、大挙してトランプ支持に回った、というような単純な話ではない、ということだ。

クリントンからの離反とトランプへの支持が直結しているというよりは、トランプが、完全なる虚偽を数多く含む差別主義的かつ支離滅裂な言動と政策にもかかわらず、共和党支持層の大きな離反を招かずに済んだばかりか一部の熱狂的な支持層の開拓に成功した一方で、クリントンがラスト・ベルトにおけるオバマ支持者の票固めに失敗したことが、最終的に選挙人団票の獲得レースでの勝敗を分けたものと考えられるのではないか。

## アンチ・リベラリズムの破壊力

実はここに、アメリカに限らずグローバルな規模で、こんにち自由民主主義が危機に直面する構図が端的に表れていると言える。ヘイトや虚言、ニセ・ニュース（フェイク・ニュース）をまき散らし、自由や人権、民主主義などの価値規範をあざけり壊そうとする、トランプのアンチ・リベラルの分断統治の手法が、一部の熱狂と少なからぬ保守層の黙認をもって迎えられるのに対して、リベラル側は、クリントンに見られたような現状追認的な「生ぬるさ」を露呈するとたちまち守勢に回り、熱狂的な支持を呼び込むどころか離反をくい止めることさえできずに、実際には少数派にすぎない排外主義的な極右政治勢力に政権奪取の足がかりを与えてしまったのだ。

イギリスの政治学者であるコリン・クラウチという人が「ポスト・デモクラシー」という言葉を用いたが、「プレ・デモクラシー」すなわち「デモクラシー成立以前」と異なり、もはや自由民主主義を当然視するようになった先進諸国の人びとは、しかし「デモクラシー」の内実の不十分さや空洞化に幻滅し、ともすれば自由や人権、民主主義などの理念に血沸き肉躍るような高揚と希望を感じることができずに足がすくんでしまい、その結果、デモクラシーを単なる「きれいごと」とあざけり笑うようなアンチ・リベラルの声ばかりが大きく響く「デモクラシー以後」の時代が到来しかねないのだ。

こうした政治力学は、ヨーロッパの数多くの国々でも、アメリカと連動するように作用しており、排外主義的な右翼政党はスウェーデンなどで第三政党の地位を占めるようになったばかりか、フランスやオランダなどでは恐れられたトランプからのドミノ連鎖までは起きなかったが、第二政党の地位を手中にした現実を軽々しく考えてはならないだろう。2017年9月に行われたドイツ連邦議会選挙においても、「ドイツのための選択肢」（AfD）が一気に第三政党に躍り出てしまった。

他国でも、連立政治の枠組みのなかでキャスティング・ボートを握ったり、さらには主要政党の座を奪うことを狙うところまできていたりしている。むろん、この現象は、日本の安倍政権や維新の会の「成功」とも無縁ではない。

トランプは、いわば自由民主主義などという「王様は裸だ」と糾弾する、アンチ・リベラルの露悪主義で大統領選を勝ち抜いたのである。そういう意味では、ポスト冷戦以降、ネオリベラリズムへの傾斜を進め、グローバル資本主義が市井の人びとの暮らしや仕事を破壊することに抵抗するどころか加担してしまったリベラルに対する不満が、トランプ勝利の背景にあることは間違いない。

しかし、それはリベラルから離反した労働者や貧困層がトランプに熱狂したというようなストレートな話でもない。トランプの勝利で一段と深まった自由民主主義の危機にとっての最大の脅威は、ファッショ化した「大衆」ではなく、それよりはるかに多く広範な市民がリベラリズムに幻滅し、政治に背を向けてしまったことにある、というのがより正確な現状認識ではないか。

つまり、自由民主主義を殺すのは、目につく少数者の熱狂ではなく、より直接的には、目立たない多数者の思考、行動、関与の停止なのだ。自由や民主主義が人類の普遍的で崇高な理想としての輝きを取り戻し、また同時にすべての個人の生活で一定程度実質をともなって体感できるものとできないかぎり、「無知」と「無関心」が広がるなかリベラルの敗走がつづきかねないことをトランプの勝利は示していると言える。

## ネオリベラリズムの廃墟を覆うアンチ・リベラルの空気

本来、リベラリズムとは、政治、経済、社会面のいずれにおいても個人の自由や自律を尊重し、そのために必要とあらば、政府が福祉政策や市場規制によって介入するべきであるとする政治潮流である。リベラリズムは、第二次世界大戦以降、アメリカはじめいわゆる西側諸国（あるいは自由主義陣営）において政治の基調をなすコンセンサスの位置を築いていた。

しかし冷戦終盤の1980年代にイギリスでサッチャー首相、アメリカでレーガン大統領が登場してから、リベラリズムの「行き過ぎ」によって個人が自立自助の精神を失い政府に依存するようになったとし、こうした「隷従」状態から個人を「解放」するために、政府の権限や介入を縮小すべきだというネオリベラリズムが、次第に自由主義陣営の政治の主流となっていった。

当初ネオリベラリズムは、すべての個々人の経済的な自由の拡張を標榜《ひょうぼう》していたが、冷戦後のグローバル資本主義時代に突入すると、グローバル企業とグローバル・エリートの「自由」ばかりを最大化するイデオロギーとしての性格を明らかにしていった。直近のオバマ政権に至るまで、相当程度リベラルが「ネオリベラル化」してしまったままで止《とど》まっているのが現実である。

世界最古の民主主義国家、またリベラリズムの盟主であるはずのアメリカで、いかにしてトランプが当選できるほどまでにアンチ・リベラルの「空気」が広まったのかを考えるとき、こうしてネオリベラリズムが蔓延《まんえん》し、その帰結としてグローバル企業による政治、経済、社会の支配が大きく進んでしまったことを無視することはできない。

最も直接的な作用としては、グローバル資本主義の猛威により、トクヴィルの洞察以来知られるアメリカのリベラル・デモクラシーの基礎としての草の根の政治文化や共同体(『アメリカのデモクラシー』)が破壊されてきたことが挙げられる。公教育が荒廃し、地方紙も衰退、共同体の存続さえ危ぶまれるような状況が生じ、そこにトークラジオやフェイスブックなどを通して「ニセ・ニュース」(フェイク・ニュース)や陰謀論が野火のように広がるところとなった。そのなかには、単に金もうけ目的で政治信条とは無縁に「ニセ・ニュース」を量産しつづけたアメリカ内外のサイトがあったこともわかっている。「ポスト真実」の情報戦には、白人至上主義の極右ヘイト勢力のみならず、選挙戦の最終盤ではクリントンを狙い撃ちにしたFBIが参戦、さらにはロシアの関与までもが指摘されている。このことをもって、ネット上で「この選挙は、KKK(白人至上主義秘密結社のクー・クラックス・クラン)、KGB(プーチンの出身母体である旧ソ連の秘密警察)、FBIのすべてが同じ候補(トランプ)を支持した選挙として記憶されるだろう」という冗談とも言えないコメントが盛んにリツイートされた。

実際のところ、ハードコアのトランプ支持勢力に、アンチ・クリントンやアンチ・リベラルという「逆張り」以外の共通点を見出《みいだ》すことは困難である。では、アンチ・リベラルのみを結節点としたトランプ政権による統治というのは、いったいいかなるものとなるのか。

## リベラル世界は終わりを迎えるのか

第2次世界大戦後70余年、そして冷戦の終焉《しゅうえん》から四半世紀余りの2017年、第1次世界大戦後の20世紀を規定したリベラリズム、ファシズム、共産主義の争いを勝ち抜いたと見られていたリベラリズムの盟主アメリカにおいて、アンチ・リベラルの一点を求心力にトランプが政権掌握に至ったことは、「リベラル世界」（自由主義陣営）や「西側諸国」といったこれまでの国際政治の概念枠組みが破綻《はたん》してしまったことを意味する。

共産主義イデオロギーの崩壊後のロシアや中国に、軍や超富裕層・財界と癒着した統治エリートによる「オリガーキー」（寡頭〈少数派〉支配）が、ナショナリズムや排外主義を隠れ蓑《みの》にして権力基盤を確立したことを、今度はトランプ以後のアメリカが急速に後追いしかねないことを私たちは直視しなくてはならない。

実際には、グローバルな規模での寡頭支配の進捗《しんちょく》はトランプ以前からアメリカを侵食してきたわけだが、未《いま》だかつてないレベルで富豪や将軍が入閣したトランプ政権の高官人事が明らかにするのは、トランプのアメリカがオバマのアメリカよりもプーチンのロシアや習近平の中国に似ているということだ。

もし米中ロがからみあう第3次世界大戦というようなものが起きる事態になったとしたら、それは大義もイデオロギーもないオリガーキー同士のせめぎ合いになるという意味で、第2次世界大戦よりもむきだしの帝国主義のぶつかり合いとなった第1次世界大戦に似通ってくることになるだろう。

もちろん、アメリカのリベラリズムが死に絶えたわけではない。それどころか、リベラルな市民団体やメディア、そして民主党の抵抗と反転攻勢はすでに始まり、むしろトランプ政権の誕生の危機に際して、いっそう強く再生した感さえある。

また、トランプ政権や議会両院の多数派を占めた共和党のアンチ・リベラル陣営が、決して一枚岩ではないのも事実だ。ロシアとの関係や自身のビジネスに関わる利益相反などで、就任前から民主的正統性や憲法や法律遵守上の多岐にわたる問題を抱えるトランプが、任期途中に弾劾される可能性も十分にある。しかし、もしトランプに対する市民的不服従を暴力的に弾圧するようなことになれば、内戦一歩手前のような暴動を引き起こしかねないのもまた現実である。

メキシコとの間の壁の建設、オバマケアの廃止、ムスリムの一時入国禁止など、トランプのアンチ・リベラルな公約は、当然のことながらすべてそのまま実現されることにはならないだろう。しかし、そもそもあまりに常軌を逸した公約を部分的にでも反故《ほご》にすることは、責めとがめられるよりは「現実主義になった」「穏健化した」と安堵《あんど》をもって迎えられ、その陰でレイシズム（人種差別）やミソジニー（女性憎悪）にもとづく差別的な政策は「満額回答」ではないにしても徐々に推し進められることになる。そうして漸進的にアンチ・リベラルな New Normal（新たな「普通」）が規定されていくことになりかねない。

こうした右傾化の「ステルス作戦」は、実は安倍政権下の日本でなじみ深いものだ。そもそも違憲である集団的自衛権の行使を公明党との与党協議で「限定的」とすることによって「穏当」になったかのように演出したり、いわゆる歴史認識の問題や憲法改正に関しても、日本会議の主張をそのままストレートに推し進めることはあえてしないことによって「意外とまとも」「妥当なところに落ち着いた」と見せかけたりしつつ、気がついた時にはセンターラインが大きく右にずれているというわけだ。

## 混迷を深める安倍政権

アンチ・リベラルの政治という点で先行していた日本の安倍政権を、トランプ政権の誕生によってアメリカが背後から一気に追い抜いてしまった感が否めないが、では、安倍政権、そして日米関係はこれからどこへ向かっていくのか。

第4章でも触れたように、2012年末、アメリカでオバマが再選を決めてまもなく自身も政権復帰を果たした安倍首相は、その後の4年間、比較的リベラルなオバマ政権とむきあうことを余儀なくされてきた。歴史修正主義などのアンチ・リベラルな傾向を強くオバマに警戒された安倍は、アメリカを含めて対外的には、自由や民主主義、法の支配という共通の価値にもとづくリベラルな国際秩序の維持のためのより積極的な貢献という美名（いわゆる価値観外交）の下に、日本国内において立憲主義や民主主義を無視し報道や言論の自由を抑圧しつつ、集団的自衛権の行使容認や武器輸出推進への転換などの再軍備や、公約違反のTPP推進、沖縄県の民意を無視した辺野古や高江《たかえ》の新基地建設を強行してきたのである。

言い換えれば、日本国内からは安倍政権の「暴走」にしか見えないものが、「国際協調主義にもとづく、積極的平和主義」の旗印のもと「世界の中の日米同盟」「希望の同盟」

へと日米関係を深化させるものとして正当化されてきたということだ。この論理の大前提として、アメリカ＝「リベラルな国際秩序の守護神」という、必ずしも現実にそぐわないけれども、それでも一定の信憑性《しんぴょう》をもって流布されてきた見方があった。この論法は、安倍首相のアメリカ議会両院合同会議での演説、いわゆる安倍談話（戦後70年談話）、そして直近では真珠湾でのスピーチのいずれでも繰り返されてきた。

しかし、トランプ率いるアンチ・リベラル政権の誕生によって、今やアメリカは国際秩序を破壊しかねないリスク要因に転じた。日本の対米追随の外交安全保障政策を自由や民主主義、法の支配の擁護の名で正当化し、国益に適《かな》うものと強弁する論理は完全に破綻してしまったのだ。対米追随と言っても、オバマに追随するのとトランプに追随するのではまるで異なることが明白であるにもかかわらず、アメリカとの軍事同盟の深化ありき、この船を沈ませてはならないとまるでマストに自分を縛りつけることで沈没を防ごうとする船員の様相を呈している。

大国意識以外に何の大義もイデオロギーもないアメリカが、同じく単なるオリガーキーにすぎないロシアや中国とせめぎ合うことになっていくなかで、日本はトランプの駒として良いように使われ、また捨てられかねない状態である。北朝鮮の核およびミサイル開発プログラムをめぐる緊張の高まりに関しても、そうした危険性は現実のものとなっている。太平洋をはさんだ日米のリベラル勢力の連携を強め、ともにアンチ・リベラリズムの破壊に抗する運動を展開しつつ、軍事力によらない東アジアの平和と安定を模索する必要があるだろう。

## 民主党とは何だったのか

こうした日本を取り巻く世界的なリベラルの危機のなかで、最大野党であった民進党は、安倍自民党に対するオルタナティブを提示することなく、2017年10月の解散総選挙を目前にしてついに潰《つい》えてしまった。

民進党の前身であった民主党による政権が発足した当初は、たとえば「新しい公共」というような、かなり面白い考え方を持っていた部分もあった。ただし、「新しい公共」には両義的な面があり、ひとつにはネオリベラルな流れも含まれていた。民営化をしたり規制緩和をしたり、あるいは小さな政府路線を目指すなかで、本来は国家がやるべきことも含めて、NPOとか市民社会団体に下請けさせればいいというような発想がなかったわけではない。しかしそれと同時に、市民社会がもっと活躍すべきではないかとポジティブに考えていた部分も確かにあり、その意味ではリベラルな要素も間違いなくあった。

いずれにしても、そのようなことを考えている人たちは、鳩山由紀夫政権で内閣官房副長官を務めた松井《まつい》孝治《こうじ》、あるいは鳩山首相のスピーチを一緒に書いた平田《ひらた》オリザなどごく一部にすぎなかったのが、民主党の限界であった。そんなことは聞いたこともないし関心も全くないという人たちもたくさんおり、鳩山が辞任に追い込まれ松井がいなくなったあと、「新しい公共」など完全にどこかへ消えてなくなってしまった。

これは、民主党側だけではなく、市民社会の側の限界でもあった。民主党政権の政権党交代は「頂上作戦」にとどまり、ある種のリベラル政権ではあったが、残念ながら市民社会に根ざした動きが作ったものではなかった。

その失敗の責任を負うべき部分は、市民社会の側にもあったと言わざるを得ない。民主党政権が誕生したほうがいいと思っていたけれども、足腰がフラフラになったとたん、みんなで一斉に見捨てたという部分もあった。ただ、民主党が見捨てられるのにもそれなりの理由があり、それまできちんと市民運動や市民団体と向き合っていたか、関わってきたかというと、一部の議員を除いて、そうとは言えない体質があった。

民主党の傾向として、相当数の議員が「上から目線」であるという問題が根深い。彼らは市民社会に対して「あなたたちの言うことは聞くけれど、決めるのは僕らだから」という態度をとりがちで、それは看板だった「政治主導」のことを「政治家主導」と思い違いしていることに起因していた。

それゆえ「子ども手当」あるいは高校無償化の問題、子育て支援やチルドレンファーストのように、政策アイデアとしては良さそうなものがいっぱいあるのだが、最終的には、一体どの辺の市民層や市民団体の期待に応《こた》えようとしているのか、さっぱりわからないところに落ち着いていってしまう傾向を見せた。そうすると、せっかくやっても支持を広げたり固めたりすることにつながらない。

それほどの根無し草感があるのは、民主党のネオリベラルな、より具体的に言えば松下《まつした》政経塾的な体質によっていた。「私たちがお客さまに選ばれれば政策をお届けするけれども、政策を作るのは僕らだから」というような感覚が非常に強い政党であったと言わざるを得ないだろう。

東日本大震災、東電福島第一原発事故という非常に恐ろしい想定外の事態が起きたなかで、民主党政権も大きく揺さぶられ、脱原発運動をはじめとした新しい市民運動が出てきて、市民社会が大きく活性化されるという現象が起きた。市民社会の側からのこの新しい動きと、民主党は十分に向き合い、連携することができなかった。

菅直人などリベラル系の人たちはそれなりに向き合った部分があったが、野田佳彦《のだよしひこ》などは、脱原発運動に対してもあくまでも「大きな音がした」というような感覚だったわけである。市民運動の代表者たちと会うだけ会ったのはまだ良かったが、結局は「自民党野田派」のようなことになってしまい、なぜか火だるまになって消費税増税に突き進んで行くという、無様な終わり方をしてしまった。

政権を支える軸足を財務省などの官僚制に移し、そのことにより政権基盤の安定を図ることを選んでしまった段階で、民主党は「あちら側」に行ってしまったように市民社会からは見えるようになった。そのことが残した傷跡は、とてつもなく深く、最後の最後まで民進党待望論が出てこなかったのは、やはりあの「裏切り」があったからではないか。

「国民の生活が第一」「コンクリートから人へ」と言っていたのに、どうして消費税増税に夢中になり、大飯原発を再稼働させ、そしてTPPに入っていくということで終わったのか。あまりに当初の理念とかけ離れてしまったがゆえに、ここからどうやって民主党・民進党再生の手をつけていいのかわからないという状況であった。

日本の小選挙区プラス比例復活があるという制度において、与党だった政党が選挙に負けて下野しても、民主政治を刷新するような良いことはほとんどなにも起きないようになっているのである。イギリスのような単純小選挙区制で政権交代が起きる場合、大臣クラスもバタバタ落選し、野党になるときにはかなり大きなダメージを受けて、そこからどう立ち直っていくのか、二つくらいの選挙を経ないと執行部が変わるなどして立ち直れないのが通常だが、人材の刷新という意味でも、それなりに野党になったショックで変化が起き、そこで民意を汲《く》むことによって党を再生して、もう一度政権与党になることに挑戦していくという道筋ができることもある。

しかし小選挙区制プラス比例復活もあるという、おそらく世界でもっとも世襲や現職有力議員に有利な選挙制度においては、野田政権でもっとも責任の重かった連中が生き延びて、若手や新人が根こそぎ負けていなくなるという具合になる。その結果、下野したときの自民党同様民主党の場合も、リーダー層が反省してよくなるのではなくて、自分たちは悪くなかったけれども、小沢が悪かった、あるいは選挙に落ちたフォロワー（ヒラ議員）たちが悪かったというような非常に安易な総括をする傾向がある。だから鳩山、菅、野田政権と迷走していったことを自らの責任も含めて反省し、自分たちの原点がどこにあるのかといった議論をする契機が生まれにくい。しなくても、地盤の強い有力議員は、現行の選挙制度では生き残ることができてしまう。

こうして低迷をつづけた民進党だったが、2017年総選挙目前に前原誠司《まえはらせいじ》新代表と小池百合子東京都知事が主導するかたちで、いきなり希望の党への民進党合流の方針が打ち立てられ、結果的に4つの政治グループに分裂するところとなった。

一つは枝野幸男《えだのゆきお》を中心とした、いわゆるリベラル系そして旧連合左派をふくめた立憲フォーラムのようなところの人たちが結集した立憲民主党。もう一つは政策的にも自民党に近く、改憲アジェンダにもシンパシーを感じる、維新と変わらないような人々が多く加わった希望の党。そして、集団的自衛権行使を容認したままの改憲アジェンダには乗れず、非自民で行きつづけようとする穏健保守を自任する人々が岡田克也《おかだかつや》を代表格としてまとまった無所属の会。それに、民進党に残ったままの参議院議員や地方議員らである。

これはイデオロギーや政治信条の違いというより、改憲アジェンダに乗るかどうかという政党政治の大局観の違いが重要となっており、安倍自民党が仕掛けてきていることに対しては、仮に政策の中身としてある程度親近感を持っていたとしても決して乗らないという人たちが、希望の党への合流を拒んだ結果だった。今後さらに、希望の党が維新のような「自民党の別働隊」になるのならそれは嫌だと、離党する議員も出るだろう。

4つに分裂した民進党をめぐって政界再々編が仕掛けられることは確実だが、少なくとも当面は、立憲民主党を中心に安倍改憲に反対する勢力を後押しして、とにかくしっかりしろということで筋を通して行くほかないだろう。煮え切らない民進党を市民が叩《たた》いて叩いて叩くことによって、仕方のない連中がようやく少し言うことを聞いて、期待に応えるというダメダメ感が同情を引きつつ、しっかりしろよ、ダメではあるけれども、あのもっと危ないやつらよりはまだましだという形でしか再生はあり得ないのではないか。立憲民主党の結党への道筋もそうして描かれたものであった。

それがきっと新しい市民参画の仕方になるのだろう。90年代から突出してきたリーダー待望論的な政治の在り方が、もうどっちみちダメなのだから、私たちの政治、私たちの民主主義だからそういう形で選挙も行ってしまい、それでむしろいいのではないか。まさに市民による手作り感、参加している感じを得られる作り方が立憲民主党のスタートダッシュの成功をもたらした。

自民党の場合には、かつて演出として「小泉の挑戦に、力を」という打ち出し方をした。ネオリベラル・ポピュリズムによって、浮動票を動員する仕掛けであった。しかし、ここ数年、安倍政権下の危機的状況において起きている市民社会の覚醒《かくせい》は、そういう似非《えせ》の参加型ではなく、国会前であったり、地方における抗議行動だったりを原点とするデモクラシーの刷新であって、その中で市民が野党共闘を後押ししてきたのであって、突然第一野党だからといって主役になったつもりになられても困る。

そもそもそんな人たちではないし、そんなことができるとも思わない。でもそれぐらいのリーダーのほうが本当は身の丈に合っていて、聞く耳を持たせて、こちらがちゃんとしなさいと言っていくというのが大事な点となる。その点でも立憲民主党もこころもとないところがないわけではないが、言い続けていくことによって、少しずつ下から政治が変わっていくということでいいのではないか。

だからある程度冷静に、しかし多くの市民が、自分たちが動かないとまずいという危機感をベースに、野党共闘を前提に、その最大の受け皿として立憲民主党に働きかけるけれども、彼らにお任せにしたり全権委任したりするわけではないという展開になるだろう。

これはもちろん、時間との戦いでもある。市民社会の側で、ポジティブな新しい動きがある一方で、安倍政権の側で、これを押さえつけるようなあくどい動きが加速することも同時に起きている。ただ、ある意味開き直ってやっていくしかない。負けたところでどうなるかと言えば、そこでまた抵抗していくしかない。それが抵抗運動の弱さであり強さでもある。自発的に服従しろ、と国家をほしいままに私物化する保守反動勢力に抗《あらが》って、それにとどまらずよりよい社会をつくろうと思っていても、当面は抵抗運動でしかありえない。こういった勢力に潰《つぶ》されないように粘り強く取り組んでいくほかない。

## 言論の自由をいかに行使するか

今後、大学や高校などを揺さぶる偏向教師キャンペーンが展開される可能性は少なくない。安倍改憲へ向けた動きが進められるなかで、国民投票を確実に乗り切るためには、政権として、改憲案否決をもたらしかねないような自由な言論を看過するわけにはいかないからである。こういうプリントを配っていた、こういうのを授業でやっていた、というようなことで、誰でもいいから一人捕まえて右派メディアを使って執拗《しつよう》に攻撃することによって、他の教師を萎縮《いしゆく》させればいいわけである。

そういうことをやられるたびに何が起きるかというと、リベラル左派の側で言論の幅が狭まり、言論の軸の真ん中がどんどん右にずれていくのである。そういう状況が、現に慰安婦問題などいわゆる歴史問題においては確実に生まれてしまっている。これに対して我々はどう戦っていくのか、いかに屈しないのか。一方では、挑発に乗らない、向こうの手に乗らないという慎重さが求められるだろう。しかしやはり萎縮しないことが最も重要だろう。

やはり原理・原則として、自由と民主主義というのは日本という国が拠《よ》って立つ基盤で、右とか左とかいうことは、そのあとの話である。自由や民主主義を壊す、基本的人権をないがしろにするような動きに対して、立ち上がってそれを守ろうとすることは、政治的に偏向しているということとは全く違う。より多くの市民がこれらの原則のために声をあげなくては、どんどん常識が壊されていくことになる。「言論の自由」とは、守るものではなく、行使するものだ。恐れず行使しつづけることによってはじめて「言論の自由」は守れるのであって、「守ろう！」と拳《こぶし》を突き上げて守るものではない。

安倍政権に対する支持率は、実は女性のほうが目に見えて低い。女性のほうが敏感に察知する「嫌な感じ」が、政権の体質の問題としてあるからであろう。このため、口先だけで女性活躍などと言ってもボロが出てしまい、それは自民党の憲法改正草案を見ても、復古的な家族観のなかで女性の役割を固定したい意図が隠しきれない。

安保法制などに対する抵抗運動にしても、あえて言ってみれば「女・子ども」つまり若者や女性が中心的な役割を担ってきたことは、日本の戦後の市民運動史を刻む重要な展開である。やはり個人の尊厳を踏みにじる最たるものが戦争であり、そういう国をつくろうとする過程で、個を踏みにじって家族を第一、国家を第一に考えろというようないろいろな圧力が加わっていくということに対して、真っ先にそれを強いられる「女・子ども」が強く反応している、強く嫌悪感を示しているのはゆえあってのことであるに違いない。

中高年男性が役に立たないということではむろんないが、どこから安倍政治を変えていくヒントが出てくるかと言えば、やはり安倍が軽蔑《けいべつ》をあからさまに示す「女・子ども」、その視点から見た社会のゆがみが一番のカギになるのではないか。

## 明文改憲に抗うために

安倍が私的な執念を燃やす明文改憲については、その前提条件はすでに失われている。憲法を壊すような解釈改憲をしておいて、その後明文改憲をするというのは、入り口から条件を壊しているということである。絶対君主のような横暴な国家権力の使い方をした後で、その政権が主導する憲法改正によって、立憲主義が回復できるわけがない。

これは労働法の改悪を重ねてきたときのやり口を思い返してもよいだろう。労働法違反の既成事実を先につくっておいて、そのうえで現実が法に合っていないからといって法を変えようということが、これまでも再三繰り返されてきたが、それによって労働者の権利が守られるようになったかといえば、むろんそうはならなかった。

少なくとも安倍政権にだけは改憲させてはいけない。というのは、明文改憲を発議する過程における権力関係があまりにもバランスを失っていて、そのような状況で憲法をいじることは、すでに権力をほしいままにする人たちに資すること以外になりようがない。だから建設的に歯止めを設けられるなどと期待するのは無理と言わざるを得ない。

安保法制に対する反対運動のなかで、立憲主義を前面に押し出したことによって、平和主義が後退するのではないかという懸念を、じつは当初、筆者は持っていた。２０１４年の初頭に立憲デモクラシーの会を立ち上げたときには、小林節氏ら改憲論者にも入ってもらって「立憲」で行くとなったのだが、このとき平和主義をいわずに立憲主義に徹したことによって、大丈夫なのかという心配があった。SEALDs も「自由と民主主義のための学生緊急行動」であって、平和主義とは敢《あ》えて公式には言ってこなかった。護憲対改憲の話には入らないで、手続き論としてこれはおかしいと、立憲主義、民主主義の観点に徹することによって大きな広がりをつくることに成功したのはまぎれもない事実である。

ところが運動の過程で、そんな戦略的思考からは自由に市民が平和主義の言葉を語りだした結果、これから改憲論争においても、平和主義の言葉というのは遠慮なく、いろんな形で自分たちの思いを口にして、それで何が悪いんだということが言えるような空気というのが、30年ぶりぐらいにできてきたのではないか。

分断統治というのが、服従を求める安倍支配の一貫した手法である以上、市民運動のほうが分断されないことが何より重要である。だから歯がゆかったり、動きが鈍かったり、効果が薄いように見えたとしても、大事なのは分断されずに抵抗し続けていくことではないか。その中で生まれてくる言葉があり、力がある。

現状を冷静に分析するときに、あまり相手を過大評価しないということも重要である。安倍政権は非常に驕《おご》り高ぶっていて、権力を私物化し、集中させているけれども、驕れる平家は久しからずとも言うように、頂点に達した瞬間に下落を始めるというのは当たり前の話である。だから安倍政権に関してもいつまで頂点の時期が続くのかと言えば、もうすでに下降線に入っているということはありえる。

それは単にそういうパターンだからという話で、我々が頑張っているかどうかということとあまり関係なく、向こう側が勝手に転びだすということも十分にありえるし、またこちらが抵抗することによって向こうの躓《つまず》きが増えてくるという可能性も出てくる。抵抗勢力としては、そういうスタンスでいてよいのではないか。市民社会での動きというのは、小さくて大きな変化にはなりにくいという面はあるけれども、逆にそんなに簡単に壊れるものでもない。市民社会における地殻変動によって、いずれ政党政治レベルで大きな変化が起きることになる。

# 終章　リベラリズムは息を吹き返すか

本書では安倍とその取り巻きによって「私物化される国家」について、その現代性と復古性の双方に注目しつつ、分析を行った。安倍晋三という政治家個人の思想や政策、政治手法に加えて、自民党や官僚制、そして財界やマスコミ関係など、安倍による長期政権を支える基盤についても考察し、できるかぎり保守反動の本性と対米追随の実態と相互の連関について明らかにすることを試みた。

そういう意味では、本書は一面では「安倍政権論」としての「私物化される国家」についての論考でありつつも、戦前から戦後日本に長らく連なってきた保守反動政治の系譜や、アンチ・リベラルなオリガーキー（寡頭〈少数派〉支配）が世界で同時代的に拡散するなかの対米追随の経済・安保政策の展開についてのより広い視野からの論考であることもめざした。それは言い換えれば、国家の私物化は安倍のみによってなされたものでなく、戦後政治の流れのなか、とりわけ冷戦後のグローバル資本主義時代に入ってから世界同時進行的に推し進められているからである。

確かに森友・加計学園問題や、ジャーナリストの伊藤詩織さんの訴えるレイプ被害（準強姦《ごうかん》事件）での逮捕状執行停止問題、あるいは国会における野党質疑時間の削減問題のように国家権力の恣意《しい》的な行使に対する強い疑惑が、安倍首相に相当程度直接的につながるかたちで顕在化するのは常軌を逸しており、安倍政権下に登場してしまった「私物化される国家」の異常さをまざまざと見せつけるものである。

しかし、今日の保守反動勢力のとめどない迷妄ぶりは何もすべてが安倍に起因するわけではない。サンフランシスコ市が慰安婦像を受け入れたことに反発した大阪市による姉妹都市解消への動き、天皇皇后が開く宮中晩餐会《ばんさんかい》への国賓の同性パートナーが晩餐会に出席することに反対という自民党の竹下亘《たけしたわたる》総務会長の発言、アフリカ支援への取り組みについて「なんであんな黒いのが好きなんだ」という山本幸三前大臣の発言。いずれも2017年秋の特別国会の短い会期中に飛び込んできたものである。安倍を筆頭とする保守反動勢力のタガの外れ具合を示すものではあるが、安倍が直接に引き起こしたわけではない。

また、会期冒頭に重なったトランプ来日時の安倍個人の追従ぶりにも目を覆うものがあったが、それだけでなく「ゴルフ外交」とやらのさなかにバンカーに置き去りにされた安倍が、トランプに追いつこうと焦ってひっくり返り頭から転倒する無様な映像がとらえられたにもかかわらず、結果的には国内メディアからはあっという間に姿を消し、かえって海外メディアによって世界に拡散されたという珍妙な出来事もあった。アメリカで国家権力を私物化するトランプのひとつの象徴とも言える娘イヴァンカについての日本メディアの無批判で狂騒的な報道ぶりと合わせて、単に珍妙というのを超えて対米追随メンタリティーが政府だけでなくメディアにも深く浸透している実態を改めて感じさせるものであった。

実は、こうして必死にアメリカに取り入ろうとする保守反動勢力の姿勢に本書を書き上げているさなかに筆者が巻き込まれる一件があった。

2017年10月19日の産経新聞に掲載された「産経抄」というコラムで、そのタイトルはなんと「日本を貶《おとし》める日本人をあぶりだせ」である。以下、引用する。

日本の新聞記者でよかった、と思わずにはいられない。地中海の島国マルタで、地元の女性記者が殺害された。車に爆弾を仕掛けるという残虐な犯行である。彼女は「タックスヘイブン」（租税回避地）をめぐる「パナマ文書」の報道に携わり、政治家の不正資金疑惑を追及していた。マルタとはどれほど恐ろしい国か。

▼今年4月に発表された「報道の自由度ランキング」では47位、なんと72位の日本よりはるかに上位だった。ランキングを作ったのは、パリに本部を置く国際ジャーナリスト組織である。日本に対する強い偏見がうかがえる。一部の日本人による日本の

評判を落とすための活動が、さらにそれを助長する。

▼米紙ニューヨーク・タイムズに先日、「日本でリベラリズムは死んだ」と題する記事が載っていた。日本の大学教授の寄稿である。安倍晋三首相の衆院解散から現在の選挙状況までを解説していた。といっても、随所に左派文化人らしい偏った主張がみられる。

▼憲法をないがしろにして軍事力の強化を図る首相の姿勢は、有権者の支持を得ていない。最大野党の分裂のおかげで自民党が勝利するものの、政治はますます民意から離れていく、というのだ。米国人の読者が抱く日本のイメージは、民主主義が後退する国であろう。

▼特定の政治的主張だけを取り上げる、国連教育科学文化機関（ユネスコ）には、困ったものだ。いよいよ問題だらけの慰安婦関連資料の登録の可能性が強まっている。田北真樹子《たきたまきこ》記者は昨日、登録されたら脱退して組織の抜本改革を突きつけろ、と書いていた。

▼そもそも国連を舞台に、実態からかけ離れた慰安婦像を世界にばらまいたのは、日本人活動家だった。何ということをしてくれたのか。

ここの「日本の大学教授」が筆者のことであり、名指しこそ避けているものの「日本を貶める日本人としてあぶりだすぞ」と脅しが発せられているらしい。

ここで触れられているのは、筆者がニューヨーク・タイムズから依頼を受けて寄稿した論説記事“The Death of Liberalism in Japan”（日本のリベラリズムの死）で、２０１７年10月22日の衆議院選挙の直前に希望の党への民進党合流によって保守二大政党制への流れが強まり、リベラル勢力が死滅させられかねないことについて警鐘を鳴らしたものだった。これが２０１７年10月15日の国際版の一面トップに掲載されたことを、アメリカに対して日本を貶めるものと産経抄は怖れたようである。

(https://www.nytimes.com/2017/10/15/opinion/liberalism-japan-election.html)

興味深いのは、保守反動勢力の機関紙を自任しアンチ・リベラルの急先鋒《きゅうせんぽう》であるはずの産経なのだから「リベラリズムの死」を歓迎しそうなものなのに、そうした危険がアメリカに伝えられることを「日本を貶める」ものとして嫌っていることである。

小池百合子、前原誠司、細野《ほその》豪志《ごうし》、長島昭久《ながしまあきひさ》ら、対米追随路線の安全保障政策へと牽引《けんいん》してきた「日米安保ムラ」（英語では、「alliance managers」〈日米同盟の管理人たち〉と呼ばれることもある）が主導した希望の党への民進党の合流劇は、まさに市民と立憲野党による立憲民主主義破壊に対する抵抗にとどめを刺し、集団的自衛権の行使容認を既成事実化のうえ9条改憲を達成した「切れ目のない」（制約のない）日米同盟ありきの二大政党制を一気につくろうというクーデター的な動きであった。公示日のわずか1週間あまり前にようやく結党にこぎつけた立憲民主党が躍進を果たし、なんとか最大野党の地位を手中にしたのは奇跡的と言っていいだろう。

むろんそうは言っても、衆議院全465議席のうちわずか55議席で最大野党であるから、議席数としては現行制度最小の最大野党である。また、2015年の安保法制をめぐる攻防以降はぐくまれてきた多様な市民と立憲野党の共闘の蓄積がなければ、衆議院わずか15名からの立憲民主党の結党さえおぼつかなかったし、ましてやこの衆議院選挙で唯一議席を増やした政党となるような成功はあり得なかった。そういう意味では、奇跡というより共闘の蓄積があっての成果であったというほうが正確であり、立憲民主党の成功は立憲主義勢力全体が勝ち取ったものとも言え、日本のリベラリズムは紙一重の差で壊滅の危機を逃れたのであった。

小池・前原ら対米追随路線の自称「改革保守」の企てを未然に防ぎ、一敗地に塗《まみ》れさせたことの意義は大きい。安倍政権の暴走に与《くみ》するばかりで存在価値を疑問視されるに至った公明党も議席を減らし、創価学会の一部支持者から公然と批判を浴びることとさえ見られるようになったことで、連立与党間の軋《きし》みが従来になかったほど明らかになった。

選挙後も安倍の「おごり」が自民党内やメディアによっても指摘され、議席の上では「圧勝」となっても、絶対得票率（比例区）としては、今回もわずか17・3パーセントしか自民党は獲得できず、2014年の17パーセント、2012年の16パーセントと有意な差は見られず、依然として2009年に鳩山民主党に惨敗した際の18・1パーセントに及ばないことから、安倍は厳しい政権の舵《かじ》取りを強いられている。野党の国会での質疑時間の削減などというみっともない手段に出たのは、議席の上では極めて劣勢に立つ立憲野党が、結局は未《いま》だに怖くて怖くて仕方ないという情けない安倍の現実があるからである。

今後の焦点は、安倍による国家の私物化の究極のゴールとしての「安倍改憲」すなわち安倍が私物化してしまった改憲問題を実現できるかどうかとなっている。日本全体がなお、安倍の私的な情念に引きずられて、何の合理性も必要性もない「安倍晋三総理卒業記念改憲」に付き合わされることになるのか、せめぎ合いがつづくだろう。そのなかで、保守反動勢力としては、自由を「殺す」ことが目的達成のためには必須《ひっす》となってくる。政党政治レベルでも、「日米安保ムラ」がもう一度仕掛けてきて、希望の党や日本維新の会が自民党の別働隊として暗躍するような事態も考えられるだろう。そして市民社会では前章で述べたように、言論の自由や集会の自由に対して、さらなる攻撃が加えられることが危惧《きぐ》される。

特別国会で森友・加計学園問題に関する審議がなされるなか、筆者は２０１７年11月27日、「小学館サピオより取材のご依頼」と題したメールを受け取った。「小誌ではこの度、日韓間で対立しがちな事柄について、韓国メディアにおける日本人識者の発言について検証しています。先生が韓国メディアの取材を受けられて以下（別紙）の記事があるのを確認しました。この件について、添付のような質問をさせていただきたく存じます」とあり、以下がその質問内容であった。

　中野先生が韓国メディアの取材を受けられて以下の記事があるのを確認しました。
この件について、質問させていただきます。

■ハンギョレ新聞　２０１７・10・24インタビュー「自民党の勝利がすなわち〝安

倍支持〟ではない」

http://www.hani.co.kr/arti/international/japan/815819.html

「安倍首相の失脚が右傾化を終わらせるとは思わない。ただし、安倍首相が右傾化を進めたのは事実であり、とりあえず彼を止めることが重要だ」

①これに相違はございませんでしょうか。

②ご発言は「日本批判」と読めますが、記事の言葉通り、先生の主張を反映したものと認識してよいでしょうか。

③韓国の反日的な宣伝活動に協力している、もしくは利用されているとの懸念が生じますが、その点についてはどうお考えでしょうか。

質問は以上です。ご回答は12月1日までに口頭、あるいは書面でいただければ幸いです。

お忙しいところ恐縮ですが、ご協力のほど何卒《なにとぞ》よろしくお願い申し上げます。

一見丁寧な言葉遣いと対照的な質問内容の幼稚さに呆《あき》れるほかないが、これもまた産経抄と同様にリベラルな言説を威圧によって萎縮《いしゅく》させようという試みなのだろうか。しかし、ここでもっとも注目すべきところは、筆者の安倍政権に対する批判コメントをそのままイコールで「日本批判」、そして「韓国の反日的な宣伝活動への協力」と妄想をたくましくしてしまう点である。

いや、これは妄想なのだろうか。安倍に「私物化される国家」では、安倍への批判は日本への批判と同義とみなされるということを端的に言い当てているだけではないか。安倍改憲へと国民投票が近づくとなると、ますます自由が危うくなることを少し前もって私たちに告げているようにも思えてくる。

## 参考文献・資料

### ●序章

安倍晋三『新しい国へ　美しい国へ　完全版』（文春新書、２０１３年）
斎藤貴男『ルポ 改憲潮流』（岩波新書、２００６年）
中川一郎ほか『青嵐会―血判と憂国の論理』（浪曼、１９７３年）
中北浩爾『一九五五年体制の成立』（東京大学出版会、２００２年）
原彬久『岸信介―権勢の政治家』（岩波新書、１９９５年）
マックス・ヴェーバー『職業としての政治』（脇圭平訳、岩波文庫、１９８０年）
「国民国家の空洞化を進めるネオリベ時代のエア・ナショナリスト」『週刊金曜日』９８５号（２０１４年3月28日、金曜日）
「特集：安倍晋三総理待望論」『Voice』（２００３年11月10日号、ＰＨＰ研究所）
日本経団連の政策提言「希望の国、日本」（２００７年1月）
毎日新聞東京夕刊（２００７年9月18日）

International Herald Tribune 紙
南野森「岸内閣が集団的自衛権を容認する答弁をしたというのは本当か？」（2014年3月4日）https://news.yahoo.co.jp/byline/minaminoshigeru/20140304-00033189/
自由民主党『新綱領』（2005年、結党50年）
『平成22年（2010年）綱領』（2010年、野党時代）

●第1章

丸山眞男『丸山眞男講義録　第七冊　日本政治思想史1967』（東京大学出版会、1998年）
冊子『やすくに大百科~私たちの靖國神社』（靖国神社社務所発行、1992年）
『靖国』（靖国顕彰会発行、1964年）
文部省図書局『教育に関する勅語の全文通釈』（1940年）

文部省「聖訓ノ述義ニ関スル協議会報告」(1940年2月)
教育基本法研究会編著『逐条解説　改正教育基本法』(田中壮一郎監修、第一法規、2007年)
『日本国憲法改正草案』(2012年)
朝日新聞
明治神宮ホームページ

【資料】
自由民主党『綱領』(1955年、結党時)
『立党宣言』(1955年、結党時)
『新綱領』(2005年、結党50年)
『平成22年(2010年)綱領』(2010年、野党時代)
「教育ニ関スル勅語(教育勅語)」

## ●第2章

小沢一郎『日本改造計画』（講談社、1993年）
佐藤誠三郎・松崎哲久『自民党政権』（中央公論社、1986年）
デヴィッド・ハーヴェイ『新自由主義 その歴史的展開と現在』（渡辺治監訳、森田成也・木下ちがや・大屋定晴・中村好孝訳、作品社、2007年）
「『政権交代』とは何だったのか、どう失敗したのか――民主党とリベラリズムの来し方と行く末」『世界』（2012年9月号、岩波書店）
「小選挙区制――『選挙独裁制』が破壊する民主主義」『世界』（2014年2月号、岩波書店）
創世「日本」運動方針（2010年採択）
ロイター「特別リポート：『経済の安倍』生んだ復活劇、高支持率に潜む落とし穴」（2013年5月21日）https://jp.reuters.com/article/tk0681067-special-report-abe-idJPTYE94K03C20130521

Special Report：The deeper agenda behind "Abenomics" ２０１３年5月24日 https://www.reuters.com/article/us-japan-abe-specialreport/special-report-the-deeper-agenda-behind-abenomics-idUSBRE94N04020130524

●第３章
サミュエル・ハンチントン『第三の波 20世紀後半の民主化』（坪郷實・藪野祐三・中道寿一訳、三嶺書房、１９９５年）
中野晃一・上智大学21世紀ＣＯＥプログラム編『ヤスクニとむきあう』（めこん、２００６年）
「歴史教科書」に関する宮沢内閣官房長官談話（昭和57年8月26日）

●第４章
朝日新聞「新聞と戦争」取材班『新聞と戦争』（朝日文庫、２０１１年）

今西光男『新聞 資本と経営の昭和史』（朝日選書、2007年）
川﨑泰資・柴田鉄治『検証 日本の組織ジャーナリズム―NHKと朝日新聞』（岩波書店、2004年）
佐々木隆『日本の近代 メディアと権力』（中公文庫、2013年）
原寿雄『ジャーナリズムの可能性』（岩波新書、2009年）
原寿雄『ジャーナリズムの思想』（岩波新書、1997年）

北岡伸一「朝日問題から考える　鎖国思考を脱するとき 政府の向こうには世界がある」『中央公論』（2014年11月号、中央公論新社）
「日本における国家権力と新聞メディア」『社会正義 紀要』（2009年28号、上智大学社会正義研究所）
山口智美「猪口邦子議員からいきなり本が送られてきた――『歴史戦』と自民党の『対外発信』」（2015年10月21日）https://synodos.jp/politics/15387

朝日新聞、読売新聞、毎日新聞、東京新聞、産経新聞
デイリー・ヨミウリ（英字版）
フランクフルター・アルゲマイネ紙

●第5章
中野晃一『右傾化する日本政治』（岩波新書、2015年）

【資料】
米国連邦議会上下両院合同会議における安倍内閣総理大臣演説（平成27年4月29日）

●第6章
トクヴィル『アメリカのデモクラシー』（松本礼二訳、岩波文庫、2005年）

●終章
ニューヨーク・タイムズ論説記事"The Death of Liberalism in Japan" 2017年10月15日

https://www.nytimes.com/2017/10/15/opinion/liberalism-japan-election.html
産経新聞「産経抄」（２０１７年10月19日）

**中野晃一（なかの・こういち）**
1970年生まれ。東京大学文学部哲学科、英国オックスフォード大学哲学・政治コース卒業。米国プリンストン大学で博士号（政治学）を取得。上智大学国際教養学部教授。現在は学部長。専門は比較政治学、日本政治、政治思想。主な著書に『右傾化する日本政治』（岩波新書）、『つながり、変える　私たちの立憲政治』（大月書店）、『戦後日本の国家保守主義　内務・自治官僚の軌跡』（岩波書店）、『ガチで立憲民主主義　壊れた日本はつくり直せる』（共著・集英社インターナショナル）、『街場の憂国会議　日本はこれからどうなるのか』（共著・晶文社）ほか。

# 私物化《しぶつか》される国家《こっか》

支配《しはい》と服従《ふくじゅう》の日本政治《にほんせいじ》

中野晃一《なかのこういち》

2018年 2月10日　初版発行

発行者　郡司 聡
発　行　株式会社KADOKAWA
〒102-8177　東京都千代田区富士見2-13-3
電話　0570-002-301（ナビダイヤル）
装 丁 者　緒方修一（ラーフイン・ワークショップ）
ロゴデザイン　good design company
オビデザイン　Zapp!　白金正之
印 刷 所　暁印刷
製 本 所　BBC

角川新書

ISBN978-4-04-082084-2 C0295

## KADOKAWAの新書 好評既刊

### 平成トレンド史
これから日本人は何を買うのか？

原田曜平

平成時代を「消費」の変化という視点から総括する。バブルの絶頂期で幕を開けた平成は、デフレやリーマンショック、東日本大震災などで苦しい時代になっていく。次の時代の消費はどうなるのか？　若者研究の第一人者が分析する。

### クリムト　官能の世界へ

平松　洋

クリムト没後100年を迎える2018年を記念して、主要作品のすべてをオールカラーで1冊にまとめました。美しい絵画を楽しみながら、先行研究を踏まえた最新のクリムト論を知ることができる決定版の1冊です！

### シベリア抑留　最後の帰還者
家族をつないだ52通のハガキ

栗原俊雄

未完の悲劇、シベリア抑留。最後の帰還者の一人、佐藤健雄さんが妻とし子さんらと交わしたハガキが見つかった。ソ連は抑留の実態を知られぬために、文書の持ち出しを固く禁じていた。奇跡の一次資料を基に終わらなかった戦争を描く!!

### 大宏池会の逆襲
保守本流の名門派閥

木下英治

盤石な政権基盤の保持を続ける安倍勢力に対し、自民党・宏池会（現岸田派）の動きが耳目を集めている。「加藤の乱」で大分裂した保守本流は再結集するのか。名門派閥の行方とポスト安倍をめぐる暗闘を追った。

### こんな生き方もある

佐藤愛子

波乱に満ちた人生を、無計画に楽しみながら乗り越えてきた著者の読むだけで生きる力がわく痛快エッセイ。ミドル世代が感じやすい悩みや乗り越えるヒント、人生を生きる上で一番大切なこと、「老い」を迎える心構え、男と女の違いなど。